José Brechner

No va MAS

El tirano boliviano apoyado por la progresía mundial

ALEXANDRIA LIBRARY
PUBLISHING HOUSE
MIAMI

ISBN 9781689944755

Diseño tipográfico: Pablo Brouwer

www.alexlib.com

Índice

Agradecimientos

El periodismo fue el instrumento que me llevó a ser Diputado Nacional (1985-1989) asunto que cambiaría mi vida, pues la política es adictiva.

Comenzaron a publicarme a los 19 años. Entonces, hacía críticas cinematográficas. Eran momentos, en que, en Bolivia gobernaba un dictador militar, Luis García Meza, a quien no le gustaba el cine.

El dictador consideraba que Hollywood debía someterse a su pensamiento e instauró la "Censura Cinematográfica". Toda película que llegaba a Bolivia debía ser analizada por personas afines a los conceptos de moralidad del presidente, para dictaminar si el pueblo estaba capacitado para verla.

Irónicamente, el alcalde de Cochabamba nombró a un nuevo director cultural para el municipio, Carlos Rimassa, quien me ofreció el cargo de director del Ente de Calificación Cinematográfica: "La Censura".

Acepto la posición con alegría, indico al grupo de censores ya establecido, que todas las películas están permitidas, que no se pueden cortar escenas y que lo único que se debe controlar es la edad de los espectadores que entran al cine.

Tres semanas más tarde, Calígula, el provocador film con Malcolm McDowell, Hellen Mirren, John Gielgud, Peter O'Toole, que causó fogosas polémicas en el mundo, estaba en las pantallas.

Mi carrera como censor llegó a su instantáneo final. Entonces, decidí escribir contra el represivo régimen y mi éxito fue inmediato. Corría el año 1981.

El diario más importante de mi ciudad natal, Los Tiempos, de Cochabamba, accedió a publicar mis comentarios sobre cine y algo más.

Los hermanos Coco y Feni Canelas, encargados de la sección editorial, tuvieron la osadía o misericordia de agregarme a sus páginas, siendo aún un muchacho.

Con el tiempo mis artículos mejoraron, logré hacerme de un nombre e influenciar en los hechos locales y nacionales. A ellos mi agradecimiento, cariño y amistad.

Después de graduarme de diputado y embajador, pasé por un largo periodo lejos de la investigación periodística, hasta que los oscuros nubarrones de la extrema izquierda castro-chavista empezaron a aproximarse a Bolivia. Entonces, volví a indagar y escribir.

Con Internet, mis artículos comenzaron a aparecer en países de Latinoamérica, Norteamérica, Europa y Medio Oriente. En esa época conocí a Pablo Kleinman, editor del Diario de América y El Medio "elmed.io". Con su refuerzo, mejoró mi presencia internacional.

Pablo es una de las mentes más brillantes que conozco, tal vez la más lúcida. Adicionalmente, es un buen amigo, que me brindó desinteresado acceso a vínculos de valor inmedible. Pablo, es cerebro y corazón en niveles muy elevados. Mi gratitud; siempre.

Al ver que mis artículos gozaban cada vez de más público, decidí contactarme con Carlos Alberto Montaner, mi columnista favorito y, preguntarle, si había un espacio para mí en el tablero periodístico de las grandes ligas.

Montaner me dijo que sí y tuvo la gentileza de integrarme al debate internacional a través de su agencia de noticias Firmas Press. De ahí en adelante, mi audiencia se multiplicó exponencialmente, llegando a captar 1.4 millones de lectores (según Google Analytics) que me leían en los diarios de mayor tiraje de América Latina.

A Carlos Alberto Montaner y su colaboradora, Lucía Guerra, les debo el ingreso al periodismo de verdad. Mi aprecio y agradecimiento a ambos.

Un puesto singular entre quienes me brindaron su desinteresado apoyo merece The InterAmerican Institute for Democracy. La única ONG en el mundo que se preocupa de velar por el imperio de la ley, la democracia, la libertad y los Derechos Humanos, en América Latina.

El IID trabaja incansablemente por hacer que los exiliados políticos latinoamericanos en Estados Unidos puedan reclamar por sus derechos civiles.

Fuera del contexto político y mediático, agradezco a mis amigos de Bolivia y Argentina, que estuvieron conmigo en las buenas y en las malas. A ellos, mi eterna obligación.

Mis amigos saben quiénes son y si no los menciono, no es por falta de cortesía sino por falta de páginas y por salvaguardar su seguridad, ya que muchos de ellos viven en países que nunca se saben qué rumbo pueden tomar sus gobiernos.

Mi gratitud especial a Sheldon Adelson. Sin su soporte personal, yo no hubiese podido sobrevivir en el exilio. Lo mismo para los hermanos Jules y Eddie Trump.

Prefacio

Desde 1998, viviendo en Bolivia, vi cómo Evo Morales fue ganando posiciones políticas hasta llegar a presidente.

En 2006, como resultado de mis comentarios periodísticos, tuve que buscar refugio en el exterior debido a las amenazas que recibía por parte de sus allegados.

Los que criticaron a Morales y no salieron de Bolivia a tiempo, pagaron su intrepidez con la cárcel o la muerte.

Seguí de cerca los sorpresivos acontecimientos que se daban en el invisible país latinoamericano, conocido exclusivamente por dos motivos:

Por cambiar de gobernantes en tiempo récord y por ser el segundo mayor productor de cocaína del mundo. (Morales logró que Bolivia avanzara en el ranking, superando al Perú. ¡Vamo Arriba!).

Las acciones de la izquierda boliviana y del máximo dirigente de los productores de coca, Evo Morales, hicieron que enfocara toda mi atención en los cambios socio-políticos que iban transformando al país en un curioso campo de batalla ideológico-racial.

Los hechos fueron y son, tan descabellados, que las locuras internas, podrían derivar en enredadas situaciones internacionales.

Los capítulos de este libro se basan en acontecimientos sucedidos desde antes de que Evo fuese elegido presidente hasta la actualidad.

Después de 13 años en el poder hay dos generaciones que saben poco o nada acerca del mandatario aimara.

Otros son de memoria y principios quebradizos y olvidaron cómo el dictador socialista llegó al poder.

Fueron los gobiernos previos al ascenso de Morales, en 2006, que de forma intencional o no, labraron el camino para plantar el indigenismo populista, una rama autóctona del Socialismo del Siglo XXI, inventado por Hugo Chávez y la izquierda Latinoamericana.

Evo Morales se convirtió en un personaje conocido internacionalmente, por el apoyo que recibió del exterior, por lo tanto, es importante que esa misma audiencia pueda conocer la realidad, sin disfraces.

La mayoría de las cosas que se leen, se ven o se escuchan, acerca de Evo Morales, son mentiras fabricadas por sus tutores y los medios pro-izquierdistas.

Detrás de todo lo que aparenta ser Evo, están hábiles cubanos (los más inteligentes) venezolanos e iraníes, que son quienes le indican lo que tiene que decir y hacer.

Los medios y muchos socialistas de mayor intelecto que Evo, pintaron una imagen falsa y distorsionada del "primer indígena" que ascendió al poder, colmándolo de virtudes inexistentes. Es hora de contar la verdad.

El Palacio Quemado

El Palacio Quemado es la sede del Poder Ejecutivo en Bolivia y está ubicado en la ciudad de La Paz.

Se lo llama Palacio Quemado, porque en 1875 hubo una revuelta antigubernamental y los manifestantes, al no poder ingresar en el edificio, le prendieron fuego al techo.

El lugar fue restaurado, pero le quedó el nombre. El Palacio es la oficina del presidente. Su residencia, es un edificio estilo Tercer Reich que mandó construir Evo Morales, el "humilde campesino que no cobra sueldo presidencial" y contiene todos los lujos de un jeque asiático pomposo de mal gusto.

La "Casa Presidencial" tiene 28 pisos, tres sótanos (por si lo bombardean con armas nucleares) helipuerto (si le da tiempo de salir a tomar alguno de sus jets para escapar a Cuba) y por supuesto, sauna, salones de fiesta y espacios de recreación para que pueda ver partidos de fútbol todo el día en el mejor teatro privado.

La continuidad democrática boliviana que se inició sin interrupciones en 1982, después de numerosos gobiernos de facto, empezó a tambalear cuando Gonzalo Sánchez de Lozada presidente electo en 2002, tuvo que dejar el gobierno prematuramente, en 2003, para evitar una confrontación violenta con la turba dirigida por los Socialistas del Siglo XXI.

A Sánchez de Lozada lo acompañó en el exilio su Ministro de Defensa, Carlos Sánchez Berzaín.

Ambos dignatarios, de extraordinaria capacidad política e intelectual, optaron por la única salida pacífica que quedaba. Otros hubiesen usado la fuerza (con todo derecho) para quedarse en el poder.

El mérito y honor que merecen el presidente y su ministro, serán reconocidos a su debido tiempo.

Los campesinos con armas de verdad

La descomposición nacional comenzó con revueltas populares provocadas por campesinos y obreros que se oponían a la exportación de gas por los puertos chilenos.

Chile y Bolivia mantienen (o no) una relación diplomática llena de altibajos debido a que Bolivia perdió su costa marítima en una guerra con Chile en 1879 (La Guerra del Pacífico) y los bolivianos fuimos educados para gustar de las playas y despreciar a Chile.

El levantamiento popular era evidentemente político, pero los revoltosos le pusieron una careta económica, aludiendo que no había suficiente gas para exportar. Ridículas invenciones del izquierdismo para desestabilizar al gobierno.

Añadirle el contenido revanchista que existe en Bolivia contra Chile por el asunto marítimo, fue el condimento utilizado para exacerbar los ánimos del populacho.

Instruidos por Evo Morales, un grupo de campesinos bloqueó el único camino de acceso a Sorata uno de los sitios campestres más pintorescos y con mayor flujo turístico de Bolivia, cercano a La Paz, aislando a las poblaciones del lugar.

El ejército boliviano trató de desbloquear la ruta y los campesinos armados abrieron fuego contra los soldados, que en legítima defensa, contrarrestaron el ataque dejando un saldo de 63 muertos (17 de octubre de 2003).

Acusados de "genocidio" (palabra usada con mucha ligereza por los ignorantes) Sánchez de Lozada y Sánchez Berzaín, abandonaron el país para evitar un sangriento enfrentamiento entre el gobierno y los grupos sediciosos que se organizaron en otras regiones, comandados por Morales.

El complot de Carlos Mesa con Morales

A Gonzalo Sánchez de Lozada, le sucedió su vicepresidente, Carlos Mesa Gisbert (17 de octubre de 2003 a 6 de junio de 2005). Un popular periodista de televisión, que se hizo conocido y aparentemente apreciado, tras años de mostrar su rostro en las pantallas del noticiero más visto del país.

Mesa brilló por su egolatría; mediocridad en el manejo político; traición al presidente Sánchez de Lozada y desprecio al partido que lo llevó al poder, el Movimiento Nacionalista Revolucionario, del que nunca fue militante, pues fue invitado a formar parte de la fórmula presidencial como independiente.

Carlos Mesa fue el golpista propiciador del ascenso de Evo Morales al poder.

Durante su gobierno se empezaron a ver los primeros síntomas del populismo indigenista, que culminaría con la victoria del Movimiento al Socialismo (MAS) —el partido de Morales— en las urnas.

El pavo real lucía su cola

Carlos Mesa tuvo un papel protagónico importante durante los primeros años de vida democrática moderna.

Inicialmente, con un estilo mesurado y mayor cultura que la media del país, logró encaminar con opiniones sensatas el pensamiento democrático, más allá del color político.

Su labor fue encomiable. Enseñó democracia a un pueblo de larga tradición golpista y autocrática.

A medida que crecía popularmente, su vanidad consumió su espíritu periodístico y sus opiniones se convirtieron en la voz de la conciencia ciudadana.

Carlos Mesa indicaba cómo debíamos pensar los bolivianos.

No obstante, y, pese al instinto narcisista que se iba apoderando de él, muchos lo consideraban el hombre prudente que apaciguaba con razonamientos lógicos a los creadores de conflictos, que nunca cesaron de operar.

Mesa fue elegido como compañero de fórmula por Gonzalo "Goni" Sánchez de Lozada en su segundo gobierno.

Con la renuncia de Goni; Mesa tomó el poder, dando un giro de 180 grados hacia la izquierda, sorprendiendo a la ciudadanía, que tenía un concepto conservador de su persona.

Al fin y al cabo, Mesa celebró desde las pantallas, las medidas económicas privatistas, liberales, de los gobiernos de Paz Estenssoro y Sánchez de Lozada. Nadie imaginó que todo lo que hablaba era mentira.

El peor gobierno que tuvo Bolivia en su moderna vida democrática, antes de Morales, fue el de Carlos Mesa.

Lo primero que hizo, fue nombrar a un gabinete de extrema izquierda como su equipo de apoyo.

Mesa le abrió las puertas del poder a Evo Morales, entregándole algunos ministerios. Ahí comenzó la corriente socialista en el Ejecutivo, que instantáneamente convocó a una farsa electoral para cambiar a los congresales y afianzar a Mesa como presidente.

Camino libre al totalitarismo

El camino hacia el totalitarismo en Bolivia se encontraba libre de obstáculos para los tiranos.

Se les dio todas las herramientas para alcanzar sus metas. Al presidente Carlos Mesa lo único que le interesaba era seguir recibiendo privilegios reales.

En el fondo, el "culto" Mesa y el "inculto" Morales, tenían mucho en común. Ambos eran pequeños burgueses, encandilados con el poder y el dinero, que les permitía darse todos los lujos.

Uno y otro son expertos en la farsa o podemos decir, expertos en actuación. Uno no es agricultor, ni minero, el otro no es historiador, ni estadista. Ambos son oportunistas.

Mesa convocó a un referéndum popular para que la ciudadanía votara en favor de nuevas elecciones. Eso le permitiría quedarse más tiempo en el Palacio Quemado. Su objetivo era destruir al congreso y quedar como presidente, sin opositores. Convocó a elecciones generales en un plazo de cinco cortos meses, de forma que nadie en la oposición pudiese organizarse.

Posteriormente, llamó a elecciones para prefectos, (gobernadores) en un plazo de tres meses, exigiendo el apoyo inicial de casi 10.000 firmas para la habilitación de cada candidato, de manera que hubiera pocos contendientes y él controlase los departamentos (provincias).

Farsa, farsa y más farsa, para mantenerse en el trono, con autoridad total, satisfacer su enfermizo narcisismo, su éxtasis de poder y allanarle el camino a la presidencia a Evo. Siendo este par de socios, los dos únicos actores vigentes en el circo político, no era de extrañar que Bolivia se encontrase en su momento más vulnerable.

El nuevo Poder Legislativo de ultra izquierda
En el Legislativo, la solemne sesión inaugural que invistió al flamante presidente Mesa parecía hora cívica de escuela primaria o fiesta de disfraces.

Una diputada indígena, sacó hojas de coca que las desparramó sobre su escritorio para masticarlas.

Era una provocación clarísima contra el mundo civilizado que unánimemente condena el estupefaciente y, una muestra del rompimiento que vendría con los Estados Unidos.

Los invitados extranjeros miraban entre asombrados y burlones, cómo el país del altiplano se volvía más altiplánico que país.

Había congresales que apenas sabían leer y escribir. La mayoría de los legisladores jamás tomaron un libro.

El único apoyo oficial a Mesa, fue el del cogobernante partido, el MAS de Evo Morales, que se aferró a sus dos ministerios, Asuntos Indígenas y Educación.

El partido con la mayor cantidad de analfabetos obtuvo el Ministerio de Educación, era como darle el puesto de piloto a alguien que nunca vio un avión.

El Movimiento Al Socialismo también recibió de regalo, la embajada en Paraguay y varios vice-ministerios.

El presidente encontró a su aliado perfecto. Le permitía viajar y lucirse como un pavo real en todo evento social que ocurría, que es lo que más le gusta hacer.

No sentía temor a que le hagan manifestaciones en su contra o un golpe de estado, ya que el autor de esos desmanes era Evo Morales que estaba muy contento manipulando al gobierno desde adentro, bajo las directrices de los cubanos.

Mesa, creyendo que podría obtener réditos futuros o por lo menos iba a evitar ser perseguido, anunció abiertamente que el próximo presidente debía ser Evo Morales. ¡Carlos Mesa decidió por todos los bolivianos lo que debía suceder en el país y lo logró!

Con un Congreso inoperante, un presidente autócrata, centenares de millones de dólares que le llegaron al MAS desde Venezuela para hacer su campaña, el futuro de Bolivia se iba perfilando. El objetivo de Mesa era convocar a una Asamblea Constituyente que editase una Carta Magna socialista para imponer una economía estatal, confiscando todo lo que encontrase. Era la ultraizquierda de Hugo Chávez y Fidel Castro.

Después de algo más de un año, no hubo mejora alguna en el país, que estaba económicamente estancado.

Teníamos un presidente alucinado con el mando y encaprichado con recuperar el mar, pensando que pasaría a la historia disfrutando de la gloria que resultaría de eso. Cosa que obviamente no sucedió.

Por el contrario, la obstinación de Mesa contra Chile fue transferida a Morales, que buscó la ayuda del expresidente de la Corte Suprema de Justicia (Eduardo Rodríguez Veltzé) el cual, inesperadamente, apareció de presidente interino de Bolivia después de Mesa.

Rodríguez Veltzé hizo de emisario de Morales ante la Corte de La Haya, demandando un fallo internacional que favorezca a Bolivia en su petición marítima.

Su gestión fue tan ineficaz, que la corte terminó fallando en su contra. Ahí se perdieron todas las posibilidades de lograr una salida soberana al Pacífico por la vía legal-internacional. ¡Chau mar!

¡Pidan nomás!
Cada vez que había revueltas, Mesa atendía satisfactoriamente a las demandas de los bulliciosos.

Los vivarachos, mantenían al país en tensión permanente, con el fin de obtener provecho político personal. El más desmedido y con todas las facilidades para lograrlo era Evo Morales.

Lo que se vivía en Bolivia en ese momento, era una versión escueta de lo que el MAS haría posteriormente con mayor agresividad.

Estábamos yendo contra la historia y quien va contra la historia, pierde.

Todo lo probado y fracasado se puso en boga en el país, e irónicamente se suponía que estábamos gobernados por un hombre culto que figuradamente tenía sentido común.

No obstante, apenas se sentó en la silla presidencial mostró sus colmillos socialistas, detrás de una sonrisa que nunca se apagaba. Carlos Mesa fue un traidor a su presidente, a la democracia y al país.

El fracaso comprobado

Volver al estatismo era fracaso comprobado.

Dar lo que pidan a grupos de patoteros chantajistas, solo para satisfacer los caprichos de unos cuantos, era fracaso comprobado.

Reclamar agresivamente una salida al mar, era fracaso comprobado.

Congelar o subvencionar los precios de los carburantes y otros commodities, era fracaso comprobado.

Tratar de exportar gas o cualquier cosa a través de los puertos peruanos, era fracaso comprobado.

Desprestigiar a los partidos políticos con verdadera ideología y acabar con la única intelectualidad productiva que tenía el país, era fracaso comprobado.

Irse por la izquierda, con el populismo, era fracaso comprobado.

Gobernar sin ley y sin orden, era fracaso comprobado. Pero el gobierno de Carlos Mesa, que pasará a la historia como el más demagógico e incompetente de los últimos 30 años, continuó con firmeza hacia la ruina.

Irónicamente, Carlos Mesa es actualmente el candidato preferido en las elecciones fraudulentas e ilegales que se pretenden efectuar en Bolivia el 20 de Octubre de 2019.

Métale con Chile

El presidente Mesa se obstinó con provocar a Chile, creando desconcierto, inseguridad y miedo a las inversiones, haciendo que el país entrase en un estado de parálisis.

Los bolivianos empezaban a escapar nuevamente, buscando mejores oportunidades de vida en otros lugares. Esta es una acción recurrente que sucede desde siempre.

El boliviano, cuando se cansa de la incertidumbre y sus ahorros merman, toma sus valijas y emigra.

Existen alrededor de cuatro millones de bolivianos fuera de Bolivia y la población en el país es de 11 millones.

Proporcionalmente, es el grupo de emigrantes más grande de cualquier lugar y el único que no huyó debido a una guerra.

La tercera parte de los bolivianos vive en el exterior. Como dice Gumercindo: "El mejor lugar para vivir en Bolivia, es afuera".

Los bolivianos no quieren volver

Bolivia perdió la mitad de su territorio –un millón de kilómetros cuadrados— desde su independencia (1825) en guerras con sus cinco vecinos.

De todas las poblaciones bolivianas que quedaron del otro lado de las fronteras, jamás se vio un levantamiento, afán independentista, una demostración, ni deseo, de volver a ser parte de Bolivia.

Los bolivianos en Argentina, Chile, Paraguay, Perú o Brasil, no tienen ningún apetito de retornar, ni de reclamar territorios perdidos. Es más, muchos se avergüenzan de haber nacido en Bolivia o de ser descendientes de bolivianos.

¿Quiénes fueron los artífices de semejante obra? Los gobiernos demagógicos de políticos sin principios, que obligan a la gente a formar colas interminables frente a las oficinas de migración, para obtener un pasaporte y huir en busca de un trabajo decente en una sociedad más civilizada.

El Idi Amin Boliviano

En 2005 pocos días después de las elecciones generales en Bolivia, recibí un llamado de Pablo Kleinman, el editor del periódico norteamericano "El Diario de América", que me preguntó: ¿Qué opinaba acerca del nuevo presidente Evo Morales? Mi respuesta fue instantánea. Le contesté que Morales era la versión boliviana de Idi Amin.

Amin, el despiadado dictador que gobernó Uganda de 1971 a 1979 y fue conocido como "El Carnicero de Kampala", era analfabeto, fue boxeador, cocinero y militar.

Abandonado por su padre a temprana edad, se crio en el seno de una familia de agricultores perteneciente a la minoritaria etnia Kawa. El africano era musulmán, religión que eligió su progenitor renunciando al catolicismo. Amin murió en 2003 en Arabia Saudita, país que le brindó asilo político.

El ugandés y el boliviano muestran similitud en muchas cosas. Amin no brillaba por su inteligencia, no logró siquiera pasar el examen para ascender a sargento, pero como decía Napoleón: "En política la estupidez no es una desventaja".

Durante su sanguinario régimen murieron alrededor de 300.000 ugandeses. La película "El último rey de Escocia", que le valió el Oscar y el Globo de Oro a Forest Whitaker por su estupenda interpretación del tirano, da una perspectiva del temible asesino.

Morales todavía no llevó a Bolivia al matadero, aunque ya tiene en su haber centenas de muertos.

Antes de su ascenso al poder, bajo las instrucciones de Chávez, el cocalero sindicalista provocó violentas confrontaciones con el gobierno del presidente Gonzalo Sánchez de Lozada que cobraron numerosas víctimas. En la peor, fue en la que murieron los 63 campesinos, causando el colapso de la democracia.

Con su habitual desfachatez, Morales, intenta hoy en día, enjuiciar al que entonces era el Ministro de Defensa, Carlos Sánchez Berzaín, que no tenía nada que ver en el asunto, ya que su despacho se encarga únicamente de administrar el presupuesto de las Fuerzas Armadas y no de sus operativos. En todo caso, el militar que ordenó la respuesta armada al tiroteo iniciado por los indígenas, obró juiciosamente.

La táctica de encontrar alguien sobre quien desviar la atención ante los problemas internos, es tradición entre los populistas. Los que hoy están en la mira son el ex presidente Gonzalo Sánchez de Lozada y el ex ministro Carlos Sánchez Berzaín, que intentaron restablecer la ley, en una nación que se encaminaba al caos absoluto con los petrodólares de Chávez, repartidos entre los caciques nativos a través de Morales.

Carlos Mesa, el socialista traicionero

El aliado de los insurgentes, el vicepresidente Carlos Mesa, interesado en la caída del presidente Sánchez de Lozada, para ocupar su puesto, emitió un decreto de amnistía contra los campesinos y políticos causantes del conflicto, impidiendo la investigación de los hechos, debido posiblemente a que él mismo se hubiese visto involucrado en el complot.

Evo Morales aprovechó de la generosa impunidad que le dio Mesa para tergiversar los hechos, mentir groseramente, fingiendo ser bonachón; igual que hacía Idi Amin.

Su última payasada previa a la expulsión del embajador de Estados Unidos en Bolivia, fue denigrarlo, exigiéndole excusarse por haber replicado sarcásticamente a su discurso en las Naciones Unidas, donde dijo (molesto porque los aduaneros norteamericanos le revisaron el equipaje en New York) que "la ONU debería mudarse a otro país".

El diplomático estadounidense comentó que "también podrían trasladar Disneylandia". La inocente broma no le causó gracia al resentido Morales que actuó como Idi Amin, quien, en su odio a los ingleses, fabricaba motivos para humillar al representante de Gran Bretaña en Kampala.

Las ultra izquierdistas ONGes

Con Evo de candidato de las izquierdas internacionales y Carlos Mesa de presidente, más de 60 Organizaciones No Gubernamentales, hicieron un llamado a los líderes sociales y a la ciudadanía, "a preservar la institucionalidad democrática".

En declaraciones periodísticas, Vladimir Sánchez, director ejecutivo de la Asociación de Instituciones de Promoción y Educación (AIPE) dijo que: "...el bloque de ONGes firmantes del pronunciamiento, considera que hay que cuidar el proceso, evitando que intereses de grupos de poder que sienten amenazados sus históricos privilegios, actúen velada y autoritariamente frente a los bolivianos".

Y, ahora bien: ¿Con qué derecho se mete este señor a discursear a nombre de instituciones que por definición y por convenio están prohibidas de actuar políticamente en Bolivia o cualquier otra parte?

Gran parte de las ONGes son fuente de empleo para muchos neocomunistas, que vienen a Latinoamérica a adoctrinar con sus ideas a las poblaciones campesinas, filtran su dinero hacia líderes y movimientos políticos y crean focos de insurrección para derrocar a los gobiernos democráticos que les permiten trabajar en estos países a los que llegan so pretexto de ayudar.

Como la mayoría de estos individuos están sólo de paso y después vuelven a sus hogares del primer mundo, ellos no tienen que sufrir las consecuencias de sus actos. Pueden seguir sus aburguesadas vidas, libres de conflictos, jactándose de haber iniciado una revuelta en el atrasado ambiente andino.

Las declaraciones del citado Vladimir, cuyo nombre de seguro lo eligió su padre en recuerdo a Lenin (los alemanes fascistas lo hacen poniendo de segundo o tercer nombre: "Adolf" a sus hijos) son una demostración clara de que las ONGes actúan políticamente, de forma abierta, violando las leyes de la nación.

El lenguaje utilizado; "bloque de ONGes"; "pronunciamiento"; "grupos de poder"; "históricos privilegios"; son característicos de un movimiento político de extrema izquierda, no de organizaciones apolíticas de ayuda internacional.

Si el canciller boliviano, hubiese querido preservar la dignidad y soberanía nacionales, debió exigir el retiro del país de las organizaciones firmantes de dicho documento.

Pero eso no sucedió, porque eran justamente esas instituciones las que hacían el trabajo sucio de recorrer el territorio nacional adoctrinando a los incautos, alivianando el trabajo de los movimientos de izquierda nacionales que no gozaban de tanto dinero ni conocimientos ideológicos.

Lo único que querían era hacerse del poder. ¡Perdón, ya estaban en el poder! El ministro de exteriores del presidente Carlos Mesa; Juan Ignacio Siles, escribió un libro en honor al Che Guevara y lo presentó en La Habana, usando la misma jerga.

La mafia socialista internacional

Los enemigos de Bolivia, estaban en Bolivia. Contaban con millones de dólares que no tenían problema en ofrecer a quienes coincidían ideológicamente con ellos. Financiaban a los agitadores locales y se atrevían a hacer declaraciones públicas como bloque político. ¡Violación flagrante a los principios de independencia y soberanía nacionales! ¡La maquinación internacional era espeluznante!

El trabajo de las ONGes para fomentar la revolución, es mundial. Lo mismo que hacen en Bolivia lo hacen en todo el tercer mundo. Son terroristas sin bombas.

Las bombas llegan con en el tiempo, cuando después de haber sembrado las semillas de la insurrección política, racial, o religiosa, ellos, ya no se encuentran en el lugar y las víctimas son sólo locales.

Una manera cobarde pero eficaz de promover sus retorcidos conceptos de igualdad y justicia social.

El sorpresivo pronunciamiento de Vladimir, no fue casual. Obedeció a una multitudinaria marcha que se dio en Santa Cruz de la Sierra, (segunda ciudad más importante de Bolivia) donde el pueblo salió en pleno a exigir su autonomía económica y política.

Los cruceños estaban cansados de ser gobernados por los oportunistas de Occidente y por Carlos Mesa. Un presidente populista, que tuvo cuatro crisis de gabinete en un año. ¡En su último cambio de fichas, una ministra duró apenas un día!

Las ONGes en Bolivia, fueron el motor de adiestramiento político-subversivo, de las masas campesinas.

Cualquier afán autonomista de cualquier región, más aún de aquellas, donde la derecha era mayoría, atentaba contra sus deseos de controlar el país y de imponer un gobierno socialista-indigenista que subyugase al resto. ¡Lo lograron con una eficacia insólita!

Santa Cruz era el botín más codiciado de los saqueadores de tierras, propiedades y riquezas, por ser el departamento más próspero y emprendedor de Bolivia, de manera que, los cruceños convocaron a un paro de actividades.

El 99 por ciento de las manifestaciones, paros, bloqueos y actos de sedición, eran ocasionados por la extrema izquierda. Durante seis años difícilmente pasó una semana sin alborotos.

El paro de Santa Cruz, pacífico y mesurado, fue el único de la derecha. Contra este último es que Vladimir hizo su pronunciamiento.

En todos los anteriores, las ONGes no abrieron el pico.

¿Cómo un analfabeto gana
con mayoría absoluta?

Como en Bolivia no existe mucha farándula, ni famosos deportistas, tenemos celebridades locales en el ámbito político.

Desde comienzos del siglo XXI, se puso de moda un "pobre" ex minero, convertido en "simple" campesino, que bajó del altiplano a la selva para plantar coca.

Haciéndose pasar por adalid de las clases necesitadas, viajaba en un jet privado, brindado por Chávez, se hacía curar sus superficiales dolores (una patada en la canilla jugando al fútbol) en países extranjeros y gastaba millones de dólares comprando amistades y disfrutando de la buena vida.

Su nombre: Evo Morales. Un individuo sin instrucción, que con cuentagotas puede hilar dos frases coherentes.

Venezuela, Cuba e Irán ¡Sí! Estados Unidos ¡No!
El personaje no pasó a la línea ganadora por sus méritos, pues no tiene ninguno, sino, porque repartió dinero por todas partes.

Un factor relevante que favoreció a Morales, lo ocasionó un desliz diplomático del entonces embajador de los Estados Unidos en Bolivia, Manuel Rocha, quien les dijo a los bolivianos que no era bueno que voten por Evo, provocando el efecto contrario en la ciudadanía, hasta en quienes le tenían antipatía a Morales.

No hay nada que moleste más a los bolivianos, que un diplomático norteamericano, en este caso el más importante en el país, popularmente apodado: el "virrey", se inmiscuya en los asuntos internos, pero Evo hubiese ganado igualmente, aún si el embajador no hubiese dicho nada. Los bolivianos en general, no sabían de los vínculos comprometedores de Evo, con Chávez, Fidel, el PSOE, Irán, y su proxy: Hezbollah, que estaban metidos hasta la médula en los asuntos electorales.

El embajador, atinadamente preocupado, obró de acuerdo con su conocimiento profundo del tema, pero ineludiblemente, sonó al virrey que daba órdenes.

Si hablaba Estados Unidos era injerencia extranjera, más si lo hacía Venezuela, Cuba o Irán, no importaba.

Con seis meses previos a las elecciones, algunos, tuvimos acceso a un sondeo de Gallup, que indicaba que Evo era el ganador indiscutible de las elecciones, con dos dígitos de ventaja sobre su principal oponente.

Haciendo Evo su peor campaña y el principal opositor, Jorge (Tuto) Quiroga, su mejor, a lo máximo que se podía llegar era a un empate virtual.

El iletrado Evo no tenía rival. No apareció ningún contendiente que se atreviera a denunciar lo que sucedía detrás de la cortina, ya sea por falta de coraje, falta de partido, falta de conocimiento, falta de capacidad, falta de carisma, falta de dinero o la suma de todas las faltas mencionadas.

Los únicos que advertíamos lo que vendría, éramos unos pocos periodistas y analistas políticos.

Fidel y Chávez lograban su bien estudiada maniobra de tomar Bolivia, incrustados en el corazón de la actividad política nacional, dirigiendo a Evo, quien contaba con el único partido organizado y mucha plata.

El cuestionamiento de fondo es: ¿Se puede permitir que se use la democracia para destruir la democracia?

La libertad irrestricta no puede existir, pues nunca faltan los inmorales, delincuentes, abusivos, déspotas, que invaden el espacio de libertad del prójimo. Por eso hay leyes que restringen y orientan el comportamiento ciudadano.

Ningún país democrático debería permitir la existencia de partidos que predican el totalitarismo. Socialismo, nazismo, fascismo, comunismo, son nombres diferentes del absolutismo.

La mayoría de los países del mundo no son democráticos o sus democracias distan mucho del concepto democrático occidental que respeta la libertad y propiedad del individuo.

La boliviana, es una democracia de libertinaje. Sin consideración al prójimo, a las leyes, ni las autoridades. No es de ahora, es de siempre.

De ahí que hayamos sufrido tantos golpes de estado, siempre confiando en que el próximo presidente iba a poner orden en el país. En el resto de América Latina sucede mucho de eso también, pero nada se compara con la dinámica de Bolivia. Si quieres aprender de política, no existe mejor universidad. Absolutamente todo lo inimaginable puede suceder y sucederá.

Muchas veces mencioné que a Bolivia lo único que le faltaba experimentar políticamente, era volver al incario y Evo Morales quiere hacerlo. Esa es la propuesta indigenista original.

Nueva gerencia

En 2004, la población estaba decepcionada de la pobreza gubernamental. Existía confusión, creada por los dirigentes cívicos y políticos que se vendieron a Evo Morales.

Surgió el pensamiento suicida de que si Evo gobernaba ya no habría quien arme líos. ¡Los bolivianos cayeron en la trampa! ¡Era justo lo que planificaron los neocomunistas!

Los socialistas siguieron las reglas de la toma del poder revolucionario al pie de la letra.

Primero, hay que crear caos permanente, descomponiendo el cotidiano vivir del pueblo, poniendo en aprietos al gobierno. El país entra en crisis y aparecen los insurrectos, como los salvadores que tienen la solución. Obviamente la tienen: ¡Ellos son la causa!

El 18 de diciembre de 2005, se celebraron elecciones generales y Bolivia votó por Evo, dándole la mayoría absoluta, con 53,7 por ciento de los votos. Una victoria sin precedentes en 23 años de democracia.

Un gobierno de película

Del gobierno indigenista boliviano, Mel Brooks pudo haber hecho una película.

En 30 días, apenas tomaron el poder, los gobernantes desmontaron todo el aparato administrativo, colocando a gente que manifestó no tener idea del trabajo que les estaban encomendando. No obstante, no renunciaron a su postulación, sino que la aceptaron sin vergüenza ni temor.

Una campesina designada ministra, dijo no saber nada acerca de su cargo pero que "ella era honesta".

A una velocidad pocas veces vista y completamente inusual para Bolivia, donde la pesada burocracia es parte de toda actividad pública y privada, el gobierno descabezó a generales en el mando por militares afines a su ideología.

Provocó la toma ilegal y por la fuerza de las alcaldías donde ganó la oposición. Removió de sus funciones a los directores más importantes de la administración pública y los reemplazó por acólitos sin experiencia.

El nepotismo estaba y sigue en las oficinas del estado violando leyes estrictas. Acusó de narcotraficantes- sin pruebas- a exportadores respetables. Autorizó el ingreso de cientos de agentes cubanos y venezolanos.

Nombró entre sus parlamentarios a gente con frondoso prontuario terrorista y delincuencial. Amenazó con que se cierne una invasión militar norteamericana y el vicepresidente dijo que la guerra recién empieza. ¿Contra quién?

Morales controla el ejército, la policía, el Poder Ejecutivo, Legislativo y Judicial.

En síntesis, maneja cinco de los siete poderes del estado que conforman la anatomía política boliviana y de otros países latinoamericanos.

A diferencia de los tres poderes tradicionales que hacen a las repúblicas democráticas, hay cuatro adicionales que ayudan a equilibrar la balanza política e impedir los excesos de los gobernantes. Estos son: Las Fuerzas Armadas, la Prensa, la Iglesia y la Policía.

Como Morales no pudo controlar la Iglesia, se peleó con el Cardenal Julio Terrazas (único cardenal boliviano) y con el clero en general.

La libertad de prensa fue prohibida apenas asumió el poder. En Bolivia es delito hablar o escribir contra el gobierno. El axioma es simple, donde no hay libertad de expresión, no hay democracia.

Coca de desayuno

El entonces Ministro de Relaciones Exteriores del gobierno indigenista y, el más indigenista de los miembros del gabinete, David Choquehuanca, dijo, que a los niños había que darles coca en el desayuno escolar porque tiene más calcio y hierro que la leche.

Pues ya que está en la onda, por qué no les da también heroína para que se mantengan tranquilos sin incomodar a los maestros.

La idea puede ser exportada a otros países solucionando para siempre el problema de las drogas en los colegios.

Los alumnos no necesitarán gastar sus recreos en sustancias químicas ni salir de clases para consumirlas. El gobierno se encargará de proveer a cada escolar su dosis diaria.

Una de las geniales opiniones que generó muchos votos para Evo, fue: "Hay que darles una oportunidad de gobernar a los indígenas".

Bajo ese mismo concepto, yo quiero que me den la oportunidad de despegar y aterrizar un A-380 repleto de pasajeros, aunque no sea piloto.

También me gustaría practicar una lobotomía en algún ministro. Los incas practicaban trepanaciones craneanas y no eran neurocirujanos.

De ahí debe venir la tradición de creer que cualquiera puede ser o hacer lo que sea. El problema es global. La decadencia es universal.

El internacionalismo de Evo Morales

Fue tanto el ruido que causó Evo Morales en el exterior, que los campesinos y la clase inculta de Bolivia, creían que el hombre era elogiado y aceptado a nivel internacional.

El pueril razonamiento de los simplones era: ¿Vieron cómo lo recibieron en España, Chile y los demás países que visitó?

No comprenden que, por ser presidente de un estado, se recibe a cualquiera, con los honores que hacen a su investidura, no a su persona.

Si Evo es sujeto de atención, es porque resulta inédito en la historia política y diplomática, que un individuo incapaz de expresar una frase coherente, que lee con dificultad escolar y viaja a entrevistarse con los dignatarios más importantes del mundo sin conocer de las maneras, costumbres, ni el lenguaje utilizado en el ambiente, haya llegado a la presidencia de una nación.

Es mayor la afición al teatro que sus invisibles dotes, lo que hace a Morales llamativo.

Cualquier presidente del pasado hizo mejor papel que él. Si lo reciben cordialmente no quiere decir que lo quieran. Donde estuvo, los comentarios sobre su persona fueron abochornantes.

En España se limpió la mano sudada en el sweater (ni siquiera vistió un terno) segundos antes de estrechar la del rey. En China alabó a Mao, conversando con Hu Jintao, el entonces presidente que le puso nuevo maquillaje a su país. China estaba interesada en explotar el hierro de El Mutún, una de las reservas bolivianas más grandes del planeta.

En la cumbre realizada en Chile se hizo mandar al cuerno por Álvaro Uribe el ex presidente colombiano, cuando le incitó a romper el TLC (Tratado de Libre Comercio) con los Estados Unidos.

Con Michelle Bachelet creyó que porque lo recibió de manera afable ya tenía el mar en el bolsillo.

En Argentina se plegó a los manifestantes contra el ALCA en vez de mantener una postura diplomática decorosa.

Donde Evo fue, hizo todo al revés, por eso apareció en los medios informativos de todas partes.

Si España lo acogió es porque sus inversiones en Bolivia estaban en riesgo de ser expropiadas y Rodríguez Zapatero aplaudía su línea. En realidad, Zapatero era uno de los que la delineaba. Le envió asesores para hacer su campaña electoral y estructurar su gobierno. Chile le invitó por mera cortesía al igual que sus demás vecinos, como sugiere el protocolo.

Kirchner no era muy diferente a Evo en pensamiento y obediencia al Castro-Chavismo, sólo más cuidadoso en sus declaraciones; era blanco, terminó la secundaria y usaba corbata.

Brasil era el que mayores negocios tenía con Bolivia. Era dueño de sus refinerías petroleras y alrededor del 40 por ciento de la economía boliviana dependía de la brasilera.

Sin embargo, apenas Evo tomó el poder, Lula y Petrobras decidieron cortar toda inversión futura en Bolivia, por cinco años, hasta que Morales concluyera su mandato.

Los demás convidantes eran sus aliados e impulsores, empeñados en imponer el estatismo, predicar el islam y profundizar el antiamericanismo en Latinoamérica.

La ironía de ese espectáculo tragicómico, es que Evo puso a Bolivia en primera plana por ser el personaje más rústico y grosero que haya existido en función de gobierno.

El presidente indígena era un tentador bocado para los medios, que entre atónitos y preocupados, atisbaban expectantes a la espera de su próxima afirmación infundada, insulto desafiante, decisión arbitraria o magistral metida de pata.

Evo se hizo famoso, pero no por razones que puedan enorgullecer a los bolivianos. Todo lo contrario. Lo único que siente el pueblo instruido, es vergüenza.

El candidato más rico del mundo

Como mencioné. No fue la destreza ni la inteligencia personal del "primer presidente indígena" de Bolivia, las que llevaron a Morales al poder, sino su obediencia al libreto elaborado por sus mentores comunistas llegados de Cuba y a las colosales cantidades de dinero invertidas por Hugo Chávez en la compra de votos.

Bolivia es un país de gente pobre y corrupta, el que más dinero tiene para ofrecer a los dirigentes políticos, gremiales, sindicales y campesinos, más chances tiene de ganar una contienda electoral.

Hugo Chávez supo aprovechar de esa deficiencia, entregándole a Morales sumas asombrosas para sobornar a decenas de miles de personas durante años, de manera que obtuviese un rol preponderante en la vida política del país.

Con un presupuesto anual de alrededor de 250.000 millones de dólares que ostentaba Venezuela, de los cuales sólo 30 por ciento quedaba en ese país y el resto era utilizado para fomentar la Revolución Bolivariana, es imposible llegar a concebir cuánto se gastó en campañas, movilizaciones, propaganda y actos que hacen a la actividad socialista en Latinoamérica.

Nunca en la historia de Bolivia, un político contó con más dinero que Evo Morales, el "humilde campesino indígena", para hacer campaña. Las anécdotas, por cierto, tragicómicas, del comportamiento de Evo Morales, el más típico dictador bananero de este siglo, muestran la estupidez y desdicha del devenir que puede afectar la vida de todos los habitantes del cono sur.

Los medios periodísticos han tergiversado la verdad de quién es este grotesco personaje, que es capaz de salirse de una reunión de presidentes para ir a jugar un partido de fútbol. Usa un sweater para reunirse oficialmente con el rey de España.

Vivía en la casa presidencial con sus amigos. Insulta a dignatarios de estado y presidentes que lo pueden pulverizar. Provoca y amenaza a sus vecinos e intimida y persigue a políticos y periodistas.

Se comporta de la forma más incivilizada posible, pero consigue que instituciones, aparentemente de prestigio y personas famosas, le inviten a dar charlas en universidades, le entrevisten en programas de televisión internacionales y, hasta pidieron que lo postulen al premio Nobel.

Evo no viene de Eva

La historia personal del presidente boliviano hasta antes de que se dedicara a las actividades políticas es intrascendental.

Eso sirvió para crear una leyenda basada en mentiras atractivas para el público internacional, que no se esforzó por indagar con profundidad los hechos reales.

El éxito mediático fue sin precedentes, por el exotismo que significa para los europeos y norteamericanos ver a un indígena aimara fuera del contexto del Discovery Channel.

La prensa progresista encontró una bandera que manifiesta muchas de sus incoherencias sociológicas.

Hoy están de moda los bárbaros a quienes se les quiere encontrar atributos que no pudieron hallarles en 3.000 años y Evo encaja en ese marco.

Lo más probable es que nunca se llegue a saber la verdad del origen de Evo Morales desde el punto de vista familiar, pues, creció en un hogar campesino de gente simple e iletrada.

Nace Su Excelencia

Juan Evo Morales Ayma salió del vientre materno el 26 de octubre de 1959 en la población de Orinoca del departamento (provincia) de Oruro.

Los documentos notariales indican que fue hijo de Dionisio Morales Choque y María Mamani. ¿Entonces de dónde viene el apellido materno Ayma si su madre era Mamani? Esta incongruencia no es la única y estamos viendo la parte menos fabricada de su persona.

Los redactores de su "biografía presidencial" (oficial) se encargaron de corregir ese confuso detalle familiar y de confeccionar cuentos y papeles nuevos.

Hasta le edificaron un museo, algo parecido a las "Bibliotecas Presidenciales" que acostumbran a hacerles a los expresidentes estadounidenses cuando finalizan su mandato, pero como Evo jamás agarró un libro y sus seguidores tampoco, le hicieron un museo, en vida.

Morales es un apellido español, si es un nombre adoptado por sus ancestros o alguien en su familia era de ascendencia ibérica, no se sabe, porque no se conoce su árbol genealógico ni su casta genética.

Si es descendiente de algún español, entonces Evo Morales no es tan indio como alega, sino que es un mestizo en el que predominan los rasgos aimaras.

El nombre "Evo" que asombra por su peculiaridad, no es el masculino de Eva, como muchos creen, sino que es producto de la mala pronunciación del español que caracteriza a los indios aimaras.

A los aimaras les resulta difícil pronunciar ciertas palabras españolas, especialmente si contienen las vocales "e" o "i", que usualmente contraponen.

Por ejemplo: no pueden decir "pepino", sino que dicen "pipino". Tampoco pueden decir "dinero", dicen "denero".

Los padres de Morales vivían cerca de la ciudad minera de Oruro, asiento de una colonia croata llegada a comienzos y mediados del Siglo XX, que se dedicó a la minería.

Entre los varones había muchos que se llamaban "Ivo", un derivado de Iván, que es un nombre popular entre los eslavos. Cuando la madre de Morales, fue a registrar a su hijo recién nacido, quiso llamarlo "Ivo", pero como no podía pronunciar la "i" dijo "Evo".

El disciplinado notario apuntó el nombre tal como lo escuchó y así pasó a la historia el singular apelativo. De Evo Morales lo único que se sabe con certeza, es que no terminó la escuela, lee con dificultad infantil, no tiene conocimientos de ortografía ni gramática españolas, ni de ninguna ciencia o arte adicionales.

Tampoco habla aimara ni otros dialectos o lenguas nativas. Es un individuo funcionalmente analfabeto.

Le gusta jugar al fútbol que sigue siendo su mayor pasión. Tocaba la trompeta en una banda de músicos amateurs de las que existen miles en Oruro, donde el carnaval es la fiesta más relevante y sus habitantes se preparan todo el año para celebrarlo.

Morales nunca brilló en ninguna actividad con excepción del fútbol en su equipo de barrio.

Su suerte empieza a cambiar cuando el presidente Gonzalo Sánchez de Lozada decide relocalizar a decenas de miles de obreros de la industria minera estatal, invitándolos a ocupar las extensas y despobladas tierras tropicales del país, donde la naturaleza y la agricultura ofrecen mejores condiciones de vida que el inhóspito altiplano boliviano.

Nueva vida en el trópico
Evo Morales se larga a Chapare, la zona central del Departamento de Cochabamba, cabecera de la imponente selva amazónica. Lugar de hermoso follaje, anchos ríos, variedad de frutas y animales exóticos e innumerables plantaciones de coca.

El arbusto de la coca ofrece hasta cuatro cosechas anuales. No requiere de cuidado alguno. Rinde cuantiosas ganancias, sólo comparables con las que brindan el petróleo, el oro o los diamantes. Aparte de su limitado uso doméstico para masticar o beber en forma de infusión, sólo sirve para elaborar cocaína. Su venta legal a los laboratorios productores de medicamentos para fabricar anestésicos es concesión de muy pocos.

Evo Morales, como la mayoría de los habitantes de la zona, en vez de plantar bananas, ananás, palmitos, o cualquier otra fruta o vegetal que crece en el lugar, pero su cultivo requiere de mayor dedicación y no rinde iguales beneficios económicos; decide dedicarse a plantar la milenaria y sagradísima hoja de los incas, que le brinda tiempo de sobra para jugar al fútbol.

Como era más hábil que otros en patear la pelota, Evo es elegido capitán del equipo del lugar.

El "capi" propone alisar un terreno y construir una cancha de fútbol más adecuada, lo que demostró sus excelsas "dotes organizativas", que lo catapultarían a jefe del Sindicato de Campesinos Productores de Hojas de Coca de Chapare, cargo que se amplió a "Presidente de Todas las Confederaciones de Productores de Coca de Bolivia" y que conserva desde que es presidente del país.

Recordando el pasado

Como líder sindical que controlaba a uno de los grupos más revoltosos, numerosos y ricos de Bolivia, en constante vigilancia por parte de las fuerzas del orden, debido a su controvertida actividad que linda con la delincuencial, Evo empieza a adquirir relevancia política.

Un sindicalista, productor de papas o maíz, no hubiese obtenido la misma cobertura que la que adquirió el jefe de los productores de coca, pues sus afiliados y clientes mueven millonarias cantidades de dinero.

Morales aprovecha de la atención que recibe ese sensible sector agrícola, para hacer campaña política, demandando del gobierno cualquier cosa que se le ocurriese, provocando la desestabilización social y económica de Bolivia.

Bloqueaba cuando quería, la ruta principal de tránsito vehicular que pasa por Chapare, que es un punto intermedio obligatorio entre las ciudades más populosas del país (La Paz, Cochabamba y Santa Cruz) y se truncaban todas las actividades comerciales.

Habiendo adquirido popularidad y alta cobertura mediática, es elegido diputado, cargo que supo utilizar para cometer toda clase de fechorías, fomentando el vandalismo y la sedición, aprovechándose de su inmunidad parlamentaria.

Hugo Chávez, le llena los bolsillos con más millones, para iniciar una acción política mejor organizada.

Incita a la violencia, bloquea otros caminos, alejados de su cuartel general.

Financia paros y protestas y motiva a todo acto público que haga tambalear a los gobiernos de turno, los cuales iban cayendo uno detrás del otro, destruyendo así la paz de los bolivianos.

Se estaba sembrando el socialismo populista que se pondría de moda en Latinoamérica y que actualmente los descerebrados ultra izquierdistas demócratas norteamericanos desean experimentar.

Por primera vez los fracasados tercermundistas están influyendo ideológicamente en los Estados Unidos.

No es de extrañar. El 55 por ciento de los CEO (presidentes) de las mega millonarias empresas informáticas no ha leído siquiera tres libros en toda su vida y más del 30 por ciento de los congresistas en Washington no tiene pasaporte. Nunca tuvieron contacto directo con otra civilización.

El proceso de agitación política duró por lo menos seis años, en que los ciudadanos no podían viajar por tierra, no podían circular libremente por las ciudades, no podían trabajar y los niños no podían ir a las escuelas.

El caos era permanente. Raramente Bolivia pasó un mes entero sin disturbios desde 1999 hasta 2005.

Las agitadas circunstancias, costeadas con el abundante dinero que le permitía movilizar a miles de campesinos de la selva a la ciudad, hicieron trastabillar a los gobiernos democráticos.

Nadie se atrevía a reprimir al desaforado Morales y sus hordas, por temor a incitar a una mayor violencia y ocasionar víctimas. Inevitables en este tipo de escenarios, donde la euforia desenfrenada del populacho se torna incontrolable.

Cochabamba es el punto de paso obligatorio para todas las mercancías y productos agropecuarios entre el Oriente y Occidente boliviano. Con esa ciudad sitiada de forma consuetudinaria, el país entró en coma indefinido.

La historieta indigenista

La historia del indigenismo, que se convirtió en el emblema del presidente boliviano, es una fabricación política creada con mucha inteligencia y poca decencia.

Desde 1952, año en que ocurrió la Revolución Nacionalista boliviana, todos los gobiernos civiles y militares, democráticos y dictatoriales que gobernaron, trataron de integrar a los indígenas a la sociedad. Hecho que se logró admirablemente, ya que Bolivia es un país fundamentalmente mestizo.

Con la modernización, introducida por los gobiernos democráticos, liberales (liberales en el sentido tradicional) desde 1985 en adelante, se mejoraron las carreteras, los aeropuertos, los medios de comunicación. Apareció la televisión por cable, internet, los teléfonos celulares. Se logró una mayor integración con el resto del país y el mundo.

Bolivia dejó de estar aislada y empezó a convertirse en un estado donde surgía una clase media pujante y exitosa. Volvían muchos profesionales bolivianos del exterior.

Con el ascenso de Víctor Paz Estenssoro al poder y posteriormente con Gonzalo Sánchez de Lozada, Bolivia estaba saliendo del primitivismo para ingresar en la mejor etapa de su historia.

¿El primer indígena presidente?
Adjudicarse el liderazgo del indigenismo continental es una maniobra astuta, no diseñada por Evo Morales sino por Castro, Chá-

vez y la ultraizquierda. En Bolivia hubo decenas de presidentes de origen indio, la mayoría de ascendencia quechua.

Algunos hicieron atrocidades en la época denominada "de los caudillos bárbaros", en la que destacó por su prepotencia e ignorancia el General Mariano Melgarejo, que, según comentarios, ordenó a sus oficiales a debatir: ¿Quién era mejor estratega, Napoleón o Bonaparte?

Los aimaras parcamente brillaron en las actividades políticas, aunque algunos lograron notable éxito en los negocios y gozan de fortunas de consideración.

La población indígena comerciante elude impuestos, vive con poco y ahorra mucho.

No tiene placeres mayores que el de participar de alguna fiesta y tomar ingentes cantidades de alcohol. Como en toda sociedad, los ricos no son la mayoría, pero tampoco son los mestizos ni los blancos entre los suyos.

El indígena quechua, en relación al aimara, es más atractivo y más occidental en su vestimenta y conducta. Es más propenso a integrarse con otras culturas y es el que se mezcló con el europeo, formando la gran sociedad cobriza de Bolivia.

Presidentes mestizos fueron casi todos. Seguramente, también lo es Morales. La diferencia está, en que él utiliza como bandera el entusiasta indigenismo para explotar el sentimiento de clase y el revanchismo.

Si los que gobernaron Bolivia no fueron grandes estadistas, todos los del Siglo XX fueron más prudentes y capaces que Morales. Evo no es la solución sino el problema.

Creer que un hombre rústico, analfabeto e irresponsable, puede traer soluciones en la era del conocimiento y la información, en un mundo globalizado, altamente tecnificado, ultra organizado y supermoderno, es una absoluta incongruencia.

Pero Bolivia es surrealista y eligió para presidente al dirigente más atrasado, inculto, desafiante y menos confiable que había en el país.

Los progres quisieron "darle una oportunidad" al que menos sabe. Thomas Jefferson escribía en 1816: "Si una nación espera ser ignorante y libre, espera lo que nunca se dio ni se dará".

Del siglo XXI al incario

Bolivia pasó de la monarquía incaica al dominio realista, después a la república, para terminar en el pasado precolombino, con los nuevos gobernantes considerando a los blancos como si fuesen Hernán Cortés o Francisco Pizarro.

Para algunos líderes indígenas no transcurrieron 500 años en que criollos e indios se entremezclaron y lucharon juntos contra enemigos comunes.

Si no hubiese habido un mestizaje masivo, hecho que contradice el discurso discriminador de Morales, se habría dado un genocidio semejante al cometido por Julio Argentino Roca en la Argentina, en su llamada "Campaña del Desierto" cuando su ejército aniquiló a los indígenas de las pampas.

Era prioridad de los gobiernos bolivianos fomentar la inclusión, juntando a través del servicio militar en una misma barraca, a conscriptos de todos los estratos, del campo y las ciudades.

Los colegios son parte de esa estructura integracionista, pero desde que las izquierdas llegaron a formar parte de los gobiernos, con su absurda "discriminación positiva", profundizaron las diferencias culturales, alentando la desunión.

Entre sus mentiras, "el Evo" dijo, que la tierra debe ser de todos. Pues, la tierra en Bolivia, por ley, es de todos los que la quieren trabajar. Su entrega es gratuita o a un costo ínfimo.

Tierra sobra, faltan brazos. Las tierras que Morales quiere, son las que están en plena producción. Sus propietarios invirtieron años y millones en hacerlas eficientes.

También dijo que los indígenas siempre fueron desplazados, y víctimas de la oligarquía. Entonces ¿cómo llegó Morales al poder? Otra farsa. Cada día hay más millonarios entre los mineros, comerciantes, agricultores e industriales originarios.

La idea del gobierno indigenista es someter al blanco a su cultura, que es menos evolucionada. Pensamiento análogo al de los musulmanes en Europa.

El final, podría llegar a la confrontación, porque es inconcebible que 3.000 años de sapiencia y progreso sean tirados por la borda, para ejercitar regresivos conceptos jurásicos de administración sociopolítica que se plasmaron en su nueva Carta Magna.

¿Qué estudiante, profesional, empresario o intelectual, puede aceptar regulaciones provenientes de la incompetencia de los tribales mandatarios? Sin embargo, muchos ciudadanos aparentemente instruidos votaron por Evo.

Pagarán cara su emotiva decisión, porque lo que se ha visto del comportamiento del Ejecutivo es inédito y será peor. Nunca hay que olvidar, que el ex Ministro de Relaciones Exteriores, David Choquehuanca, dijo, al llegar al puesto: "En 1992 tiré los libros cuando me di cuenta de que era aimara".

Su resentimiento con la inteligencia, la educación y la erudición, recuerda al acomplejado nazi (como todos los nazis) Joseph Goebbels, que exclamó: "¡Cuando escucho la palabra cultura saco mi pistola!".

¡Oh! Tótem

El indigenismo trajo un paquete de costumbres y rituales paganos, supuestamente característicos del incario.

Todas son fabricaciones antojadizas sin ninguna base histórica, pues los incas y sus descendientes no dejaron vestigios palpables de sus costumbres culturales, ya que no tenían un sistema de escritura.

Lo que se sabe de ellos, es producto de leyendas transmitidas verbalmente.

En su programa socialista-indigenista, Evo impuso la adoración a los dioses del Incario. Entonces, decidí escribirle una carta al Dios que yo conozco.

Querido Jehová:

Lamento decirte, que, de ahora en adelante, en Bolivia han decidido adorar a tu competencia. Para serte franco, pensé que habías eliminado a todos tus contendientes hace más de 3.000 años, pero veo que me equivoqué. Resucitó el milagroso Dios Sol, más conocido por Inti en el vecindario.

Por si acaso no viene solo, trae a su esposa, Luna, cuyo nombre quechua desconozco, pero como buena mujer, se trae a la familia con ella y tiene cualquier cantidad de hermanos y primos.

Conozco a la Pachamama, la diosa de la tierra, sobre la que ofrendé en su honor grandes cantidades de chicha, cada vez que cele-

bré un acontecimiento autóctono. Siempre fue la más alegre, estaba en todas las fiestas.

Como tú sabes, Bolivia se convertirá en un país laico, pero como acá todo se hace con innovaciones, se va a permitir la enseñanza religiosa dándole preferencia a las religiones nativas de la "cosmogonía andina", lo que significa que como el Sol y la Luna son locales, ellos son los favoritos y a ti se te va a mencionar de vez en cuando, pero llevas las de perder. Tus adversarios harán milagros. Su Dios no mata, como el de los conquistadores. Tampoco piensa, pero ese no es óbice. Ninguno de sus acólitos lo hace.

La enseñanza obligatoria de los cósmicos principios morales —palabra peligrosa de pronunciar fuera del contexto presidencial, que no tiene ninguna connotación semántica con el apellido del primer mandatario, que parece provenir del inglés: "moral-less"—, será novedosa para el planeta.

Hablando de cosmos, los americanos pisotearon a la Luna, en esos viajes que hacían hace mucho tiempo. Tal vez de ahí surge el ponzoñoso resentimiento hacia ellos, porque como te mencioné, en Bolivia los ministros dicen que es su diosa.

Otro personaje que hace rato que se lleva los aplausos y promete más bendiciones que tú, es un señor llamado Eckeco, no sé si tiene título de dios, pero es pariente del Inti y acostumbra a cargar con todas sus pertenencias encima; desde el microondas hasta el inodoro. Es muy venerado y dice que trae abundancia. El muchacho cumple, porque a sus adoradores les sobra de todo, empezando de la falta de sentido común.

Querido Jehová, tu prestigio está en declive y vas a tener que empezar a hacer nuevos milagros porque te acosan de todas partes. Por un lado, están los que adoran a Alá y dicen que eres tú y, ahora viene el Inti. Lo preocupante, es que el Inti está haciéndose amigo íntimo de Alá. Esa sí que es una torcida relación de astronómicas proporciones y siderales intereses.

Los incaicos todavía no indicaron quiénes serán sus sacerdotes y si ofrecerán sacrificios humanos como hacían en el pasado o sólo trepanarán cráneos. Supongo que la trepanación será necesaria, para ver si los feligreses tienen cerebro o como opinan muchos, el recipiente viene vacío.

Otra duda que tengo es, si se mantendrá la tradición de ofrendar vírgenes, porque quedan pocas con la virtud intacta y no sé si al dios del oficialismo le gustan las chiquillas y las feas.

Querido Jehová, el Inti se fue a dormir. La Luna está saliendo para iniciar sus actividades nocturnas y enviar su sabio, profundo e iluminado mensaje a la Tierra, que hará de este un mundo mejor.

El gabinete presidencial debe estar invocándola para que los alumbre en su desolada trayectoria intelectual y espiritual. Sus miembros anunciaron con restituir sus ancestrales lugares de oración y amenazan con derruir algunas centenarias iglesias que dicen fueron construidas sobre sus antiguos templos incaicos.

La primera en la lista es la Iglesia de San Francisco, se trata únicamente del lugar más tradicional y venerado por la población católica de La Paz de manera que su destrucción no afectará los ánimos de nadie.

Yo me voy a terminar de tallar mi tótem, para entrar en onda con la nueva religión indígena-cosmogónica-andina y no contrariar a sus poderosas deidades.

¡La tierra para los campesinos
y las fábricas para los obreros!

El título parece sacado de alguna protesta del S.XIX, pero no es así, es copia fiel de un grafiti que apareció pintarrajeado en una pared de las calles de Cochabamba en 2004.

Los "modernos" revolucionarios copiaron, seguramente de algún panfleto comunista de hace cien años, el cliché mencionado, como si fuera novedoso.

Los vándalos que ensuciaban la ciudad, querían hacerse ricos de la noche a la mañana, sin esfuerzo, quitándoles lo que tienen a quienes trabajaron para obtener sus tierras, sus fábricas, sus negocios y sus viviendas.

Amenaza del más rojo tinte, que mostraba con claridad hacia donde se encaminaba la ultra izquierda boliviana.

En Chile, durante la época de Salvador Allende, se proponía lo mismo y en Venezuela, Chávez, estaba haciéndolo, tomando con fuerza militar las tierras de los agricultores.

En Cuba, sucedió hace más de medio siglo, culminando con la destrucción de la producción privada, llevando a la quiebra a todas las empresas.

De no haber sido que la Unión Soviética subsidiaba a la economía cubana con 5.000 millones de dólares anuales, se hubiesen muerto de hambre miles de cubanos, más de los que asesinaron los socialistas.

Bolivia estaba en la mira de los neocomunistas. Chávez, no tenía suficiente con Venezuela, sus ansias de poder eran grandes y pensaba que podía dominar a los demás estados latinoamericanos; casi lo logró.

Ese Napoleón de Bolsillo, como lo definió Pilar Rahola, era más peligroso que Castro, porque al igual que los dictadores musulmanes, tenía petróleo y mucho dinero para regalarles a sus peones.

Chávez, empezó a actuar con mayor agresividad, porque confiaba en el apoyo de la turba. Se sentía invencible e inmortal. Entre las cosas que hizo, destacan las siguientes:

La expropiación de tierras. La ley mordaza, que permite al gobierno multar o cerrar cualquier medio de comunicación que atente contra "el orden público".

Un nuevo código legal, que criminaliza con penas de cárcel las demostraciones contra su gobierno, incluyendo las marchas de protesta de mujeres con cacerolas.

Nombró a 17 nuevos jueces para la Corte Suprema de Justicia y uno pidió que se efectuara una enmienda constitucional, para que el aspirante a emperador bolivariano, pudiera ser presidente vitalicio.

Las ganancias del petróleo estaban siendo utilizadas para crear cooperativas socialistas dirigidas por el gobierno.

Venezuela, estaba reorientando su política exterior alejándose de las democracias de Occidente acercándose a gobiernos tiránicos. Chávez, visitó entonces, Irán, Rusia, Libia, China y Cuba.

En un discurso en Moscú, expresó que Venezuela compraría 40 helicópteros, 100.000 rifles y varios MIG-29 haciendo un gasto estimado en 5.000 millones de dólares.

Con excepción de la elevada compra de armamento, porque Evo no tenía la billetera de Chávez, todo lo que se aplicó en Venezuela, se hizo en Bolivia.

Evo Morales siguió al pie de la letra las instrucciones de su mentor, apoderándose de los poderes de la nación para confeccionar su dictadura.

La OEA y la ONU apoyan la subversión

América Latina, la OEA, y la ONU, miraban complacidas lo que acontecía, lo cual no era de extrañar. Ambas inútiles instituciones y varios de los gobernantes latinoamericanos, eran izquierdistas que estaban del lado de la hecatombe.

No olvidemos que la esencia de la filosofía revolucionaria comienza con la "destrucción del orden establecido para la imposición de una nueva sociedad construida sobre los escombros de la anterior". Para desgracia de la humanidad, la historia demuestra, que después de la destrucción, sólo quedan los escombros.

Escribir sobre esto en el Siglo XXI, es de Ripley. La gente no aprendió de la historia porque no sabe de historia, requisito vital para entender de política

¿No es acaso evidente, que cuando la extrema izquierda se encarama en el poder es de por vida, oprimiendo a sus súbditos? ¿No está claro el fracaso económico de la economía centralizada y estatista de los regímenes socialistas? ¿Cómo es posible que alguien crea que el socialismo puede ser una solución a los problemas, si sólo trajo pobreza, muerte y destrucción?

Bolivia, el país de mayor índice de analfabetismo de América Latina iba marchando hacia el precipicio, pero lo mismo hacía el Brasil y Argentina, que son más letrados. La muerte de Chávez y la quiebra venezolana, argentina y brasileña, hicieron que se calmaran los ánimos estatistas de los gobernantes bolivianos, quienes se dieron cuenta de que podían quedarse en el Palacio Quemado si no molestaban a la empresa privada. Pero esto vendría más tarde, después de avasallamientos, persecuciones y asesinatos.

El gobierno de las mayorías

Aquellos que hablan de un gobierno de las mayorías, no entienden que los gobiernos nunca son de mayorías, porque las mayorías no pueden ser estructuradas para gobernar.

Todo gobierno es siempre una oligarquía, porque siempre es una minoría la que domina.

Como dice Will Durant: "No es natural, que una mayoría gobierne, porque una mayoría rara vez puede ser organizada para la acción unida y específica, mientras que una minoría puede serlo.

Si la mayoría de las capacidades está contenida en una minoría de personas, el gobierno minoritario es tan inevitable como la concentración de la riqueza; lo único que puede hacer la mayoría es derrocar periódicamente a una minoría y establecer otra".

El grafiti era una pequeñísima muestra de lo que se avecinaba en Bolivia. Estábamos al borde de lo inesperado. El pueblo no había aprendido a vivir en libertad, sólo en el libertinaje.

Tucídides nos lo advirtió: "Los ciudadanos se irritan con impaciencia al menor toque de autoridad y, a la larga, cesan de inquietarse hasta por las leyes, escritas o no escritas… Y este es el hermoso y glorioso comienzo del que surge la dictadura (tyrannis). … El excesivo aumento de todo provoca una reacción en la dirección contraria… La dictadura brota naturalmente de la democracia y la más grave forma de tiranía y esclavitud de la más extrema forma de libertad".

Asombrosamente, es exactamente lo que está sucediendo en Estados Unidos. La mejor democracia del planeta se está atiborrando de intolerantes autócratas bajo la sombrilla del Partido Demócrata. Nunca hubo tal abundancia de información y tanta ignorancia.

La privatización incompleta

La llamada "capitalización de las empresas" que se efectuó durante el gobierno de Gonzalo Sánchez de Lozada, fue una privatización a medias.

La capitalización consistió en vender la mayoría accionaria de las grandes empresas estatales a capitales extranjeros, quedándose

Bolivia como socia minoritaria. Era la manera de garantizar una administración responsable.

Bolivia es un lugar donde los que llegan al poder asumen que cuidar de los intereses nacionales, significa que el estado debe ser dueño de los recursos naturales y tener participación en los grandes negocios.

Con esta mentalidad, prevaleciente en todos los partidos políticos y la mayoría de la población, es imposible implantar un capitalismo sano.

Si la capitalización se hubiese manejado en el marco tajante de las privatizaciones, vendiendo 100% de las acciones de forma irreversible, las cosas tal vez hubiesen ido mejor.

Las izquierdas, que tienen por consigna, estatizar, se hubiesen encontrado con adversarios internacionales poderosos.

La capitalización tuvo la mejor de las intenciones, pero hubo falencias. La mayor, fue autorizar la participación del estado como accionista. La otra, no permitir el aporte de capitales nacionales privados.

La izquierda se quejó de que los contratos favorecían desproporcionadamente a los accionistas internacionales. En este punto, hay que tomar en cuenta que pocos querían invertir en Bolivia. La única manera de atraer inversionistas era ofreciéndoles más que los demás.

Como era de esperar de Morales y su poco confiable gobierno, los contratos firmados y refrendados por el Congreso Nacional, que garantizó las inversiones extranjeras, fueron incumplidos.

La reversión al estado de los hidrocarburos es el fin de la economía. Al gobierno indigenista se le avecina un pesado alud.

Ya se vivió esto en el pasado y el resultado fue nefasto. No existe nada peor que el estado administrando negocios.

Cuando el gobierno controla la economía, la burocracia y la corrupción crecen, la eficiencia declina, los tratados se firman a oscuras, el pueblo y el estado pierden y algunos politiqueros y empresarios, junto a los gobernantes de turno, se enriquecen colosalmente.

Las fortunas de Morales y sus camaradas son cuantiosas. Nunca nadie se enriqueció tanto como el humilde Evo.

La privatización como debe ser

El camino atinado a seguir, debería profundizar la privatización y permitir la creación de una bolsa de valores, no un brazo disimulado de la banca nacional que controla el capital por todos lados y lo único que ofrece son bonos y préstamos de difícil acceso para el ciudadano común.

El fenómeno más desconcertante de todo el proceso económico, es que en Bolivia son contados los economistas, administradores de empresas, políticos, empresarios o ejecutivos, que entienden a ciencia cierta lo que es el capitalismo.

A menos que hayan vivido en sociedades desarrolladas y trabajado en empresas integradas a los mercados de valores, es difícil encontrar personas que conozcan las bases para la creación de los instrumentos de producción y de cambio que hacen ricas a las naciones.

Olvidémonos de los políticos, que en su mayoría nunca trabajaron en algo productivo y son pocos los exitosos en el mundo de los negocios. ¡Hablamos de economistas que no tienen ninguna idea sobre el tema!

Bolivia es de los pocos países occidentales donde no existe un mercado de valores, lo que restringe las posibilidades crediticias del pueblo, que tiene que recurrir a una banca que controla los recursos económicos a su antojo.

La única fuente de financiamiento interno es la banca, que exige garantías reales para cualquier préstamo. Eso la ha convertido en el mayor propietario de bienes raíces del país, de los que ni siquiera puede disponer eficientemente, porque debido a la inexistencia de un mercado bursátil, no tiene una manera efectiva de comerciar los mismos.

Con una banca omnipotente. Con economistas que no entienden de economía global. Con políticos que no conocen las reglas elementales del capitalismo. Con la primitiva mentalidad de querer destruir todo lo que no entienden.

Con el equivocadísimo concepto de que si algo le pertenece al estado también le pertenece al ciudadano. Con la idea de que somos más vivos que los demás y vamos a hacer que el socialismo indigenista triunfe sobre 3.000 años de evolución, desarrollo y progreso Occidental.

Con la reversión de los recursos naturales al estado y el control de la economía por parte de este. Con el deseo de la ultra izquierda de reinventar el socialismo, que destruyó a sociedades más inteligentes y desarrolladas.

Con el afán de los políticos y los nuevos dirigentes "apolíticos", de encontrar una pega que les permita robar más en menos tiempo. Con el aporte de inmensas cantidades de dinero provenientes del narcotráfico.

Con el ingreso de terroristas de Hezbollah. Con la presencia cubana, para imponer la sangrienta dictadura comunista en el centro del continente.

Bolivia se acerca con paso certero, hacia la anomia y el colapso monetario.

Hugo Chávez presidente de Bolivia

En 2007 el gobierno indigenista empezó a actuar con energía. Los bolivarianos estaban en su mejor momento. Hugo Chávez se consideraba invencible, tenía fuerte apoyo en América Latina y todo parecía sonreírle.

Bolivia se encontraba invadida por oscuros personajes que se desplegaban dentro del escenario oficialista en forma ofensiva y humillante para la ciudadanía.

El gobierno le regaló la soberanía del estado. La guardia personal del presidente estaba formada por esbirros venezolanos y cubanos, que informaban a Chávez de todo lo que hacía el servil mandatario indígena.

¿A Evo lo estaban protegiendo o manipulando? La respuesta era obvia. El hombre no tiene la capacidad de pensar por sí mismo.

Bolivia está secuestrada por los comunistas, que enviaron mercenarios para controlar el país y adiestrar a la policía, de manera que puedan desarticular las protestas populares opositoras, que cada vez son más frecuentes y multitudinarias.

¿Por qué un presidente que se considera el auténtico representante de las mayorías y que en su exacerbado etnocentrismo se rebela contra todo lo foráneo, acude a extranjeros para gobernar?

¿Por qué Morales no se apoya en su propia gente? Sencillamente porque conoce a sus camaradas y sabe que son tan poco fiables como él.

Los indigenistas vociferaban contra 500 años de dominio criollo, pero no tenían problema en dejarse comandar por un paranoico, ególatra, venezolano.

El gobernante aimara habla de no someterse a intereses imperialistas, pero nadie se arrodilló tan despreciablemente como él ante otro estado.

Chávez era el presidente de Bolivia, Morales no era más que la fachada.

La venerada cocaína

El líder cocalero, en su diminuto pozo intelectual, no percibe las consecuencias de sus viscerales decisiones.

Rompió con el FMI y el Banco Mundial. Nadie quiere hacer negocios con Bolivia. El aislamiento que el presidente campesino ha logrado, ocurrió en tiempo récord.

El país está marginado de cualquier proyecto productivo de importancia.

La compañía minera de oro más grande del globo, Barrick Gold de Canadá que tenía planificada una gran inversión en el altiplano boliviano, prefirió colocar su dinero en Pakistán y perder 15 millones de dólares que gastaron en prospecciones, antes que trabajar con Morales.

Consideraron que la nación asiática era más segura, pese a la guerrilla islamista, la presencia de Al Qaeda, los conflictos políticos internos y la disputa con India sobre Cachemira.

La única empresa norteamericana que se salvó de ser expropiada, fue Apex Silver Mining, del ultra izquierdista George Soros, (comprensible que se librara) que explotaba la mina de plata más grande del país; "San Cristóbal"; tercera en el mundo.

El magnate progre, financiador de partidos radicales y agitadores de izquierda en todo el planeta, le regaló 10 millones de dólares, "de libre disponibilidad", al ministro de la Presidencia, Juan Ramón Quintana, para apoyar al gobierno socialista.

Soros, que conoce la idiosincrasia de sus correligionarios políticos y sabe que son de su calaña, vendió inmediatamente su mina a la transnacional Sumitomo del Japón.

Con los pocos amigos respetables que tenía el gobierno indigenista, a Morales no le convenía enemistarse con Japón, que es un país que no genera sentimientos antagónicos en América Latina.

Las medidas tomadas por el régimen autocrático, que incluyen la confiscación de los hidrocarburos, la elevación de los impuestos a los mineros, la redistribución de tierras privadas, el asalto a los ingresos de los gobiernos regionales, la imposición de una caricaturesca Asamblea Constituyente integrada por analfabetos, que se escondieron en un cuartel para aprobar de forma sigilosa e ilegal una constitución marxista-indigenista, que restringe las libertades económicas, eran rechazadas por el pueblo.

La violencia andina

La población pensante empezaba a reaccionar contra las medidas autocráticas del gobierno, demandando su derecho a vivir en la cordura y la legalidad.

Brotaron enfrentamientos entre los estudiantes de la Universidad de San Francisco Xavier y los represores socialistas, en la ciudad de Sucre (Chuquisaca). Legítima capital de Bolivia y cuna de los próceres que dieron nacimiento a la independencia sudamericana del colonialismo virreinal.

Las protestas fueron un aliento de esperanza para la nación, y demostraron que Chuquisaca mantenía vibrante su histórico espíritu libertario.

En 22 meses, desde que asumió el poder, Evo Morales se acreditó 27 muertos y más de 300 heridos.

Sus desaforados paramilitares, los campesinos de Achacachi —un poblado de sanguinarios aimaras que visten ponchos de color rojo y que alguna vez fueron acusados de canibalismo— degollaron a dos perros vivos, entre risas y vítores amenazantes.

En su sádico show, advirtieron que ése era el futuro que les esperaba a los opositores. El salvajismo de los indígenas asustaba.

Frente a los abusos del régimen y el desmoronamiento de la democracia, seis de los nueve gobernadores del país declararon la "Desobediencia Civil", que pasó a convertirse en "Resistencia Civil Movilizada".

Los eventos iban cobrando envergadura y las posibilidades de diálogo con un presidente que no tiene cerebro ni corazón, eran nulas.

El departamento de Santa Cruz convocó a una huelga general e indefinida en todo el país. La situación era impredecible.

Bolivia necesitaba de un líder con conocimientos políticos, carisma, experiencia, inteligencia y, fundamentalmente, coraje, que según Aristóteles es la primera de las cualidades humanas, porque garantiza las demás. Ninguno de los dos partidos opositores contaba con él, o ella.

Habiendo llegado a una situación de difícil manejo, con el tiempo, el gobierno logró apaciguar los ánimos populares sobornando o amedrentando a los provocadores de las revueltas.

Poco a poco, compró a prácticamente todos los alcaldes, gobernadores y líderes menores que ponían en riesgo la estabilidad política.

El éxito fue total. Logró penetrar hasta en las esferas del poder en el oriente de Bolivia, que era el lugar más difícil de conquistar. De ahí en adelante todos se tranquilizaron y se sometieron a la dictadura.

Joseph Stiglitz apoya a los ladrones

Apenas Morales llegó al poder, el premio Nobel de Economía, Joseph Stiglitz, fue homenajeado por el gobierno boliviano en reconocimiento a sus comentarios positivos acerca de la nacionalización de los hidrocarburos realizada por el gobierno indigenista.

Su análisis económico indicaba que Bolivia recibiría mucho más dinero por la venta de sus recursos energéticos si eran manejados directamente por el estado.

Karl Marx opinaba igual y también estaba equivocado. La gerencia estatal ha sido tradicionalmente la más ineficiente y corrupta.

Colateralmente, mientras más grande es el estado, más diminuto es el individuo.

En los cálculos la economía es tan simple como que dos más dos son cuatro, pero en la realidad pueden ser cero o menos que cero, de lo contrario las empresas no quebrarían.

El factor humano conduce a los resultados y los actuales administradores bolivianos no son banqueros suizos.

En Bolivia no hubo nacionalización sino confiscación. Desde la fundación de la república, los recursos del subsuelo, por ley, son propiedad del estado. Los empresarios privados mineros y petroleros arriendan las tierras para su explotación.

Si los gobiernos anteriores a Morales firmaron contratos "desiguales" con la brasilera Petrobras y otras empresas extranjeras, no fue porque se les quiso regalar el gas o el petróleo, sino porque quedaban pocos valientes dispuestos a invertir en el país.

Su historial de arbitrarias y volátiles decisiones, hicieron que nadie más desee correr riesgos en la caótica nación.

El estatismo, una tradición nacional

Bolivia tiene larga experiencia en el manejo directo de sus recursos por irresponsables dirigentes sindicales o políticos inescrupulosos que robaron a manos llenas, con la excusa de ser los protectores de los intereses de las grandes mayorías.

Durante tres décadas, 84 por ciento de la economía boliviana fue manejada por el estado —porcentaje mayor que en Yugoslavia en época de la Unión Soviética— y seguía siendo el país más pobre de Sudamérica.

Los abusos eran característicos de los provincianos gobernantes bananeros cuyos cerebros caben en una caja de fósforos.

Durante uno de los gobiernos militares, se incautó una pequeña fábrica de zapatos, porque entre sus productos hacía botines para los cadetes del ejército. El General gobernante, alegó, que el artículo era de carácter estratégico-militar. Estatizó la zapatería y hundió al industrial que optó por irse del país. La empresa sucumbió instantáneamente en manos de sus nuevos gestores.

Otro brillante presidente que pasó fugazmente por el poder, quiso emitir un decreto para "prohibir la inflación". Demoró bastante, hacerle entender las leyes del mercado para que dejara de hacer el ridículo.

El Nobel no puede demostrar que la economía estatal haya triunfado en ningún lugar; es pura teoría marxista. Y pese a que Marx es el filósofo más exitoso del siglo XX y lo que va del XXI, porque su utopía suena afectuosa; su teoría jamás funcionó, ni funcionará, porque es adversa a la naturaleza humana.

La única vez que Bolivia logró acumular riqueza y hacer que ésta llegue a las mayorías, fue con el neoliberalismo, abriéndose al financiamiento y a las inversiones privadas del exterior.

A través del pago de impuestos, el liberalismo capitalista permitió construir caminos, modernizar ciudades y mejorar los servicios públicos, creando miles de empleos. Los países que conservan esa línea mantienen su crecimiento. En Bolivia, no importa quién esté en el ejecutivo, el erario es visto como un botín.

Con el gobierno indigenista, el problema se agudiza, porque gasta fortunas en propaganda, al más clásico estilo populista.

El Nobel además dijo, que, "durante 500 años los bolivianos han sido gobernados por potencias coloniales y sus descendientes".

Sería esclarecedor que este revisionista de la historia especifique a qué potencias se refiere.

El comunista Stiglitz debe sentirse privilegiado, porque cuando hizo sus comentarios se puso junto a Chávez, Castro, Kirchner, Chirac, Rodríguez Zapatero y Gadafi, pasando a formar parte del selecto grupo de los amigos de Evo Morales.

El tiempo constató que Stiglitz y los izquierdistas suecos, dadores del Nobel por razones políticas, viven equivocados.

Venezuela es el mejor ejemplo de los resultados que trae las maravillas del socialismo.

Por otro lado, tampoco es conocido que los economistas hagan buenos políticos o estadistas, por eso tienen su propio ministerio.

Inmigración y Propiedad

El mayor problema de Bolivia es sin duda alguna el analfabetismo y, consecuentemente, la ignorancia, que es la madre de absolutamente todas las desgracias. Combatirla, no significa solamente enseñar a leer y escribir.

Saber leer y escribir no significa entender. La educación más eficiente es la que se enseña con el ejemplo. Pero para enseñar con el ejemplo, hay que ser digno de respeto y los conquistadores españoles trajeron civilización, pero también piratería esclavismo y matanzas.

Latinoamérica fue nada más que un gran botín para los reyes de España, así como previamente lo fue para los caciques Mayas, Aztecas e Incas, que, como todas las monarquías, enriquecieron a muy pocos.

Este preciado botín se convirtió posteriormente en la fuente de riqueza de los señores feudales y oligarcas locales, que continuaron con las costumbres rapaces de sus antecesores y se mantienen hasta hoy, a través de los que llegan al poder, sin importar su nivel cultural, origen étnico o social.

Para cambiar esta actitud depredadora, hay que cambiar de manera de pensar, cosa que no puede suceder en corto tiempo.

Tampoco se puede pretender —asumiendo que se decida respetar la ley y modificar la manía cleptocrática de los que pasan por el gobierno— que la minoría enseñe normas, principios y valores a la mayoría, de forma eficiente.

La mayoría siempre tiene mayor influencia sobre la minoría. No es por eso de extrañar, que la generalidad de los bolivianos se comporte social y políticamente, de forma incivilizada y autodestructiva.

En Argentina sucede algo similar por la influencia peronista. Los demás países latinoamericanos sufren del mismo mal. Y, la onda progre empieza a cundir en USA.

Inmigración es solución
Lo primero que Bolivia debería hacer para cambiar el irracional comportamiento de su población es promover la inmigración de personas del primer mundo, de manera que el pueblo aprenda con el ejemplo.

Santa Cruz de la Sierra, es el único departamento que acoge con brazos abiertos a los inmigrantes del exterior y del interior. Eso la ha convertido en la región más productiva del país.

El inmigrante, por naturaleza, está dispuesto a trabajar más duro para salir adelante. Así se desarrolló América.

A mayor inmigración inteligente y preparada, mayor es el progreso.

China, siendo el país más poblado del mundo, está importando cerebros de Occidente, otorgando la residencia a profesionales calificados, en 24 horas.

¿Pero quién quiere venir a Bolivia? El mundo desarrollado ofrece mejores condiciones de vida, sin los problemas colaterales del conflicto permanente.

Gente más evolucionada no quiere venir y menos evolucionada, no se necesita.

Podría darse en Europa, que a medida que el terrorismo y la guerra del islam contra los infieles, avance, surjan grupos humanos que deseen asentarse en países menos amenazados y con mayores oportunidades para el pequeño emprendedor.

Para que el país se culturice y modernice, hay que duplicar o triplicar su población con inmigrantes.

Bolivia, tiene el tamaño de España y Francia juntas, con riquezas naturales que podrían dar bienestar a un centenar de millones de personas.

La única inmigración manifiesta hacia Occidente es la de los musulmanes, que son tan incultos como los locales y muchísimo más alevosos.

Dirigidos y sustentados por sus gobiernos, particularmente Irán, desean invadir esta parte del globo igual que hicieron en Europa los sunitas, para someter al mundo bajo la sharía.

Esta maniobra política está siendo apoyada por grupos de izquierdas y el gobierno de Evo Morales.

No es precisamente la clase de inmigración que traerá desarrollo humano y progreso tecnológico.

Por el contrario, servirá para crear centros de adoctrinamiento fundamentalista y retroceder un par de miles de años en la historia de la civilización.

Dos leyes cambiarían la cara de Bolivia: Inmigración y Propiedad. La de propiedad, significa, que el subsuelo deje de pertenecer al estado y si encuentras oro o petróleo debajo de tu patio, este te pertenezca por derecho.

Los indígenas y Mahoma

Líderes musulmanes del Oriente Medio están haciendo alianzas con los indígenas del cono sur, porque ven en esa masa, pobre e ignorante, al elemento humano que posiblemente puedan convertir al islamismo.

El proceso podría demorar cientos de años, pero el tiempo no es factor de importancia para los fundamentalistas; el mandato viene de Alá y, Alá es imperecedero.

Hace 1300 años que intentan tomar Europa; pueden esperar todo el tiempo del mundo para convertir a los cristianos, animistas y paganos andinos.

En el año 711, los musulmanes, bajo el mando de Tariq ibn Ziyad, cruzaron el Estrecho de Gibraltar y capturaron la península ibérica.

Luego, 20 años más tarde, invadieron Francia y podrían haberla conquistado si no hubiesen sido vencidos por Charles Martel, en el año 732 en la batalla de Poitiers, al sur de Paris.

La Reconquista de España duró 700 años, y culminó cuando los Reyes Católicos retomaron Granada en enero de 1492. Ese fue el primer intento musulmán de conquistar Europa y terminó en el fracaso.

En el siglo 16, el Sultán turco, Solimán el Magnífico, conquistó Belgrado, Hungría, Transilvania y Moldavia.

En 1529 llegó hasta Viena y la sitió, pero el ataque fue rechazado. En el curso de los siguientes siglos los países europeos subyugados por los turcos, recobraron uno por uno su independencia.

Ese fue el segundo intento musulmán de conquistar Europa y también terminó en el fracaso.

El tercer intento comenzó hace 40 años y a diferencia de las dos anteriores que fueron invasiones de ejércitos armados, ésta es una infiltración de millones de inmigrantes; estrategia que está teniendo el éxito que no tuvieron los dos intentos anteriores.

Según las proyecciones, el primer país europeo que se convertirá en islámico será Holanda.

Hoy, en sus cuatro ciudades principales, Ámsterdam, Róterdam, Utrecht y La Haya, la mayoría de los menores de 14 años son musulmanes.

El nombre más registrado para los recién nacidos es Mohammed (Mahoma).

En Francia los musulmanes son el 10% de la población.

En Inglaterra los imanes en las mezquitas predican abiertamente el extremismo y el fanatismo.

Los musulmanes controlan más de 50 alcaldías y gobernaciones inglesas.

En España, donde hay un millón de musulmanes, el gobierno de Rodríguez Zapatero anunció planes para financiar la construcción de mezquitas y enseñar el islam en los colegios. Si los Reyes Católicos se enterasen se darían vueltas en sus tumbas.

El peligro más grande de todos

El problema no es la religión en sí, ya que cada persona tiene la libertad de creer, o no, en lo que prefiera.

El problema es que muchos individuos de la nueva generación musulmana en Europa, abiertamente desprecian a la que ellos consideran una sociedad materialista, secular y degenerada.

En la opinión de Bernard Lewis, reconocido como el más grande experto del mundo en islam y cultura árabe: "Europa, entrará en una crisis de proporciones tan gigantescas, que nadie imagina".

Una alianza indigenista con el islam, es a primera vista extraña. Pero si consideramos que antes de que llegaran los jesuitas, no había religión monoteísta, se puede decir que los cristianos tuvieron bastante buen éxito en convertir a los nativos, pese a que, en toda celebración folclórica, no falta el ritual andino y la reverencia a sus antiguos dioses.

¿Entienden realmente los indígenas, el concepto filosófico y místico del Dios judeo-cristiano? Seguramente no. De ahí que en el fondo sean más animistas que cristianos y sus costumbres católicas lindan con el paganismo.

A gente con principios tan endebles y poca fortaleza de espíritu, se puede inculcar cualquier cosa.

El peligro es aterrador, porque se trata de cambiar de una sociedad libre, a una tiránica, donde las mujeres no pueden acicalarse ni coquetear; los hombres no pueden beber alcohol y deben arrodillarse para rezar cinco veces diarias. Algo difícil de concebir en nuestro medio, pero posible de lograr con mano dura.

Hay sectas cristianas en Bolivia, que hacen una labor de convencimiento efectiva a través de la persuasión logrando objetivos similares sin llegar al fanatismo.

Está demostrado, sin embargo, que una significativa proporción de cristianos renacidos, que han adoptado una vida más recatada, pero sin alcohol, se han vuelto más violentos en el hogar.

¡Acá vemos una similitud con el ambiente de la familia tipo en el Oriente Medio, donde la mujer es mortificada legalmente!

Todo ser humano tiene la necesidad y el derecho a la expansión mental y relajamiento que significa salirse un poco de las normas prohibitivas de la rigidez social.

Cuando esa alternativa es frustrada, hay que buscar otra forma de descargar las pasiones contenidas y una de esas maneras es la violencia, que puede darse dentro o fuera del hogar.

El espíritu de libertad que existe en América Latina es intenso, aunque, históricamente, las dictaduras exceden a las democracias.

Los latinos estamos entre la gente más libertina del mundo. Nos encanta la diversión, los placeres, los excesos, la sensualidad, transgredir normas y todo lo que produce satisfacción a los sentidos. ¿Podrían los musulmanes subyugar a pueblos tan desenfrenados? ¡Con dinero y armas, tal vez!

¡No a la libertad!

El factor predominante donde los islamistas encuentran su mayor enemigo en occidente es en nuestro concepto de libre albedrío, que para ellos es totalmente herético.

Para entender su pensamiento hay que citar a sus líderes.

El ejército de Ánsar al-Sunna, un grupo terrorista iraquí vinculado con al-Qaeda, dijo: "Democracia es una palabra griega, que significa el gobierno del pueblo, lo que significa que la gente hace lo que le parece. Este pensamiento es considerado apostasía y desafía la creencia en un Dios.".

El mismo grupo publicó un manifiesto en su website, en el que dice, que la democracia es equivalente a la idolatría…, porque creer que los humanos, en vez de Alá, tienen la capacidad de hacer leyes, es "idolatrar" a los seres humanos. Internet está plagado de "máximas" del mismo tono.

¿Podría suceder que los latinos nos lleguemos a someter a la mentalidad fanática y retrógrada de esta gente?

No de propia voluntad, lo cual no impide que lo intenten. Hay pesados intereses económicos y políticos de los dirigentes indigenistas izquierdistas para ayudar a estos fanáticos, con quienes se identifican en su odio hacia los norteamericanos y Occidentales en general.

Para colmo, las contradictorias izquierdas "democráticas" que se caracterizan por su incultura, los aplauden e incentivan, irresponsablemente, sin darse cuenta de que se están haciendo el harakiri, ya que el islam es intolerante, precisamente con la filosofía permisiva que ellos predican.

El resentimiento al triunfador

El 64 por ciento de la población boliviana vive debajo del índice de pobreza. En este acápite, Bolivia, ocupa el puesto 117 entre 177 países.

Sigue siendo la nación más pobre de Sudamérica, pero su nivel de indigencia no es comparable con la de muchos estados africanos cuya triste realidad causa millones de muertes por inanición y enfermedades.

Una de las diferencias entre la pobreza de Bolivia y la de los africanos, radica en que el bonancible clima boliviano y su exuberante geografía, permiten como última alternativa no morirse de hambre y recolectar frutas o verduras que crecen de forma silvestre.

Las riquezas de la naturaleza están por doquier, encima y debajo de su suelo. El problema boliviano está en la falta de explotación de sus recursos de forma hábil, competitiva, rentable y honesta.

Un porcentaje tan alto de miseria en un país tan rico es un plato tentador para la demagogia populista y los bolsillos de los burócratas del Estado.

Bolivia con su formidable abundancia y su escasa población, debería ser el país con más alto nivel de vida de América Latina. Si no fuese por su elevado analfabetismo, su contagiosa corrupción y su orgulloso, pero improductivo indigenismo, podría superar económicamente a cualquiera de sus vecinos.

La manipulación del resentimiento contra el triunfador, es el vil elemento que usan los izquierdistas para motivar a sus bases hacia la confrontación con las clases medias. (La trillada "lucha de clases" proclamada por Marx y Engels).

El discurso y las acciones de Evo Morales son propulsados por ese odio irracional, contra gente que lo único que hace es esforzarse por lograr una mejor vida.

¿Hay dineros mal habidos? ¿Hubo corrupción en los manejos del estado en el pasado? Claro que sí, como en todo el Tercer Mundo (el Primer Mundo no se escurre) y como en el gobierno autóctono, que llegó al poder con fondos robados al pueblo venezolano, más los réditos de la ilegal producción de coca y el narcotráfico.

Ahora que Morales tiene acceso a las arcas de las empresas estatizadas, hace con el erario lo que le viene en gana.

La revolución en democracia del Socialismo del Siglo XXI, es fácil de iniciar, aunque sus resultados son nefastos.

Las cifras, resaltan en Venezuela, que, de ser el país más rico de América Latina, se convirtió en el más pobre del mundo.

En Bolivia, la mayoría vive en un nivel de pobreza tan bajo, que cualquier cosa que se le ofrezca es más de lo que tiene, pero para darles a los indigentes, los gobernantes buscan tomar de los demás, haciendo el falso papel de Robin Hood.

Es cómodo hundir al 36 por ciento minoritario de la clase media que ve truncadas sus posibilidades de mejoramiento económico, mientras que los menos favorecidos aumentan ínfimamente su nivel de vida a coste ajeno.

Aquellos que nunca tuvieron nada, tendrán algo paupérrimo, pero algo al fin y, los que tenían algo, se quedarán sin nada.

Se igualarán las clases sociales y todos vivirán felices en la miseria. Será una paradisíaca Cuba.

La fórmula es inhumana y antinatural porque anula el incentivo al trabajo, a la creatividad y a la superación personal, pero para muchos es un logro inusitado y lucharán por defender los mendrugos que les caen.

Los únicos que verdaderamente se benefician son los gobernantes, que se están convirtiendo en los más ricos, los más fuertes, los intocables.

La nueva oligarquía ya está intentando dominar bajo la ley del terror, fiel a la tradición populista.

El neo comunismo boliviano entra en una amorfa categoría, porque todavía se permiten ciertas libertades y se habla de elecciones, referendos y otros procedimientos democráticos. Pero el despotismo ya carcomió los intestinos del Estado.

Y el Nobel de la Paz es para…

De los seis premios Nobel: Literatura, Física, Economía, Medicina, Química y Paz, hay uno que puede recibirlo cualquiera, porque no se requiere ser profesional ni científico. Ni siquiera hay que saber leer y escribir para obtenerlo. Es el Premio Nobel de la Paz.

El Nobel de la Paz y de Literatura son premios políticos y solamente se los otorgan a individuos de izquierdas.

En 2006, Literatura y Paz cayeron en manos de dos musulmanes.

Cabe cuestionar, si el de la Paz otorgado a Muhammad Yunus —un buen tipo— el fundador del Grameen Bank en Bangladesh, le corresponde adecuadamente.

¿Qué tiene que ver la paz con un próspero banquero? En definitiva, nada.

Pese a que el Nobel de la Paz perdió su jerarquía desde que lo recibió Adolfo Pérez Esquivel, Yasser Arafat, Rigoberta Menchú, Wangari Maathai, Jimmy Carter y Barack Obama, sigue sirviendo de prestigiosa carta de presentación. Da inmunidad a sus receptores y les ayuda a ganar dinero.

Sus premiados son invitados a pasear por el mundo bajo los auspicios de holgados anfitriones, dispuestos a pagarles generosamente por escuchar sus sabias palabras y tomarse un selfy.

En el mundo al revés, los nórdicos izquierdistas, piensan que todos son civilizados como ellos y vanaglorian a cualquiera por más extremista que sea, porque supone representar a "las mayorías".

En 2006, el premio les tocó a los dos mahometanos, uno turco, Orhan Pamuk y el otro asiático. Ambos claramente desapegados del fundamentalismo, pero con la religión en común, haciendo ver que también existen los musulmanes moderados.

Pura política progre. Los escandinavos perdieron el contacto con la realidad cuando los vikingos dejaron de hacer turismo en otras regiones, saqueando aldeas y violando mujeres. Desde entonces se civilizaron y han estado promoviendo el socialismo en el Tercer Mundo, porque consideran que los países subdesarrollados tienen condiciones económicas, éticas y culturales semejantes a las suyas.

Su actual confusión es con los musulmanes e indígenas, amantes del extremismo.

Los nórdicos deberían notar que las banderas de sus países llevan la cruz como emblema. Ese es su pecado original de acuerdo con los principios islamistas e indigenistas.

Ni los premios Nobel, ni el apoyo político harán que los musulmanes minimicen su odio hacia los rubios cristianos. Más bien les están dando encrgía para diseminar la yihad y atizar su campaña antioccidental, desde una tarima respetable.

Haciéndose al sueco

La popular expresión de "hacerse al sueco", no proviene del aire. Los escandinavos tratan de mostrarse ecuánimes y de mantenerse al margen de los acontecimientos del mundo, pero sus movidas cuentan en el tablero internacional.

El Nobel es el Nobel y si su creador, siguiera vivo, tal vez el trofeo de la Paz y de Literatura, no hubiese llegado solamente a los izquierdistas del mundo.

El comportamiento del Comité Nobel de Noruega (que otorga el de la Paz) es cuestionable, porque ha distorsionado los motivos que hacen a la entrega de la presea, que originalmente estaban más allá del color político, la religión o la raza de los candidatos.

Desgraciadamente, el Nobel de La Paz se ha convertido en un premio a la apariencia física y la demagogia populista.

Uno de los postulantes para 2008 fue nada menos que el alevoso "Gandhi": Evo Morales, que movió cielo y tierra a través de fundaciones, ONGes y todo ente de prestigio internacional que le podía dar renombre, para que le ayudaran a llegar al podio.

Conviene recordar, que desde que Morales asumió el poder, en Bolivia se han ido produciendo enfrentamientos y muertes como con ningún presidente y que su gobierno es más autoritario y represivo que muchos de facto del pasado.

Como Morales era nada más que el humilde seguidor de Chávez, Castro, Ahmadinejad y Gadafi, lo lógico hubiese sido que el Nobel fuera entregado primero a sus mentores o podían haberlo repartido colectivamente y dárselo a todos juntos, que bien se lo merecen.

La entrega del Nobel Sin Motivo, llegó a su momento culminante cuando se lo otorgaron a Barack Hussein Obama, en 2009, sin que el hombre hiciese absolutamente nada relevante en su vida.

Fue electo presidente por el color de su piel y por el mismo motivo le dieron el Nobel.

Morales, atinadamente, pensó que él también lo podría recibir por su apariencia.

Los amigos se alejan

El presidente boliviano se abrió frentes de enemistad por todos lados. El 15 de mayo de 2006, Evo Morales, en su primera visita a Europa como dignatario de estado, se dirigió al plenario del Parlamento Europeo en Estrasburgo donde dijo que a él no lo eligieron porque fue a la universidad sino por ser honesto.

Antes de empezar su discurso, dos terceras partes de los parlamentarios se levantaron de sus asientos y abandonaron el hemiciclo en inusual gesto de desdén al mandatario a quien le perdieron la paciencia.

Sus irresponsables decisiones, repetitivas, amenazantes y contradictorias declaraciones, acompañadas de trillados clichés, generan comprensible desconfianza y tedio, en un público acostumbrado a la seriedad y el discurso inteligente.

Evo como de costumbre, habló de la discriminación a la que se vio sometido toda su vida, que de ser verdad nunca habría llegado adonde está, porque no hubiese sido elegido democráticamente y con mayoría absoluta.

Dijo que él se guía por los preceptos de sus antepasados: "No seas ocioso, no seas mentiroso, no seas ladrón". La forma en que los habitantes del incario se decían: ¡Hola!

El saludo fue impuesto por los incas a sus esclavos aimaras y quechuas, precisamente porque esas eran las características negativas que más resaltaban en el pueblo.

Diversos códigos de conducta citan el robo y la mentira como defectos humanos, pero nadie nombró la ociosidad como un mal social.

El demagógico discurso de Morales es parte de su presentación que ya no impacta a nadie.

Ladrones, mentirosos y ociosos han ocupado puestos en todos los gobiernos, formados por blancos, indios, mestizos, de derechas, de izquierdas, militares, civiles, de facto y democráticos.

Bancada de delincuentes

La bancada oficialista cuenta entre sus legisladores con varios delincuentes acusados por narcotráfico y asesinato.

Todo el dinero de Evo Morales es robado.

Mentiras, escucha la ciudadanía diariamente, con afirmaciones, acusaciones y promesas que cambian de la mañana a la tarde.

Si son ociosos o no, es intrascendente. Los gobernantes tienen empleados suficientes para hacer los trabajos sucios mientras ellos ven TV o juegan al fútbol.

"Ociosos, mentirosos, ladrones". Eso es el MAS, el partido de Morales.

Los arbitrarios decretos que nacionalizaron los hidrocarburos, rompiendo contratos establecidos bajo normas jurídicas internacionales, no fueron del agrado del mundo civilizado.

Evo se apropió parcialmente de las inversiones de Brasil, con el beneplácito de Lula; otro socialista ladrón.

Asaltó propiedades agrícolas de inmigrantes norteamericanos. Estatizó fábricas enormes que hoy no cuentan con ningún empleado.

No existe nada en que el gobierno boliviano haya metido su mano y no haya terminado en desastre.

Morales no vislumbra la profundidad del abismo en el que empieza a caer Bolivia, relegada por las naciones más ricas y poderosas.

Apenas llegó al poder rompió relaciones con los Estados Unidos e Israel y sacó a todas las organizaciones dependientes del gobierno estadounidense, comenzando con la DEA.

El aislamiento se agudizó con los cambios a la derecha en Argentina, Chile, Perú, Paraguay y Brasil.

Los únicos amigos que le quedan son Díaz-Canel, Nicolás Maduro, Daniel Ortega y los ayatolas.

No hay que descartar a Tabaré Vázquez del Uruguay ni a López Obrador en México, que sacaron a relucir su extremismo, apoyando al gobierno reaccionario de Maduro.

Internamente, los bolivianos se cansaron de verle la cara, el país empieza a estancarse económicamente. La vida en Bolivia es cara y los sueldos míseros.

Los mismos indígenas quieren un cambio. El pueblo se lo dijo con el voto: ¡No a la reelección!

No obstante, el "humilde campesino" se aferra al trono y comenzó a enfrentarse a la mayoría.

El rompimiento con los Estados Unidos

Cuando Chávez gobernaba, las órdenes para su sumiso peón boliviano fueron: "Bolivia debe romper con los Estados Unidos".

Como las relaciones estaban en su nivel más bajo, Bolivia no tuvo que hacer mucho para llegar al quiebre total.

Lo primero que se les ocurrió a los socialistas, fue exigir visa a los estadounidenses y renegar del apoyo económico de USAID —120 millones de dólares— a menos que los fondos fuesen de libre disponibilidad.

En términos objetivos, significaba que el dinero era bienvenido si servía para metérselo en el bolsillo, como hacen con la plata del estado.

Morales acusó al embajador norteamericano de financiar a la oposición y lanzó gruesas advertencias a los diplomáticos acreditados en el país para que no se inmiscuyan en los asuntos internos de Bolivia.

Por supuesto, las amonestaciones no incluyeron a los representantes de Cuba, Venezuela e Irán.

Como todo megalómano, Chávez era paranoico y quiso asegurarse de que no hubiese presencia ni influencia norteamericana que se oponga al envío de tropas venezolanas, cubanas o iraníes, que podrían llegar para reprimir cualquier movilización masiva o levantamiento que desestabilice al gobierno.

Los paros y protestas tienen preocupados a los jerarcas y la presión popular irá creciendo a medida que Morales se vuelva más autoritario.

El razonamiento detrás de las amonestaciones a los diplomáticos por parte de Morales tenía su lógica. Estados Unidos intervino militarmente en Granada y Panamá.

Chávez temía que ataque a Bolivia porque perdería todos los millones que invirtió y, más que eso, zozobraría su conquista del heartland, que da ventaja estratégica sobre los vecinos si se tiene fuerte control del país.

En esencia es el mismo plan que tenía el Che Guevara y Castro para propagar su amorosa filosofía en el cono sur.

Con o sin visa, si los norteamericanos deciden intervenir, les basta hacerlo con una docena de aviones caza, para destruir a las Fuerzas Armadas Bolivianas por completo.

Pero eso no va a suceder todavía porque Morales fue elegido democráticamente, de manera que los bolivianos van a tener que pagar su culpa y aguantar lo que venga, actuando independientemente de la ayuda exterior.

El panorama es estremecedor, porque indica que los cubanos junto a Hezbollah están prestos a invadir Bolivia militarmente, para proteger al régimen.

El desenlace final en Venezuela podría dar una pauta más clara de lo que puede acontecer. Pero por lo visto hasta ahora, es más probable que en Bolivia haya cambios o enfrentamientos trascendentales, antes que en Caracas.

Si Estados Unidos quisiera deshacerse de Maduro y Morales, lo podría hacer en un fin de semana.

Derrocar a Saddam Hussein les demoró 14 días, eliminar a los dictadores latinoamericanos tomaría 48 horas.

El desencanto y el temor cunden en Bolivia. Los periódicos y medios no se atreven a hablar en voz alta y tampoco la ciudadanía, por temor a represalias.

En Bolivia se está viviendo una tiranía. El gobierno de Morales entró en una etapa de deterioro que podría culminar en el conflicto más peligroso y sangriento que haya vivido el país.

Desde 2004 advertí que si el dirigente cocalero llegaba al poder se podría desembocar en una guerra civil o una revolución.

Ahora muchos presagian lo mismo, incluso quienes le sirvieron de plataforma, que son los que gobernaron antes que él y no tuvieron el coraje de ponerlo en su sitio, que es la cárcel.

Decirle a la gente que es estúpida no es lo que les guste escuchar, pero se lo merece.

Irónicamente, en Bolivia todos se sienten aptos para ser presidente. Si hasta un Morales puede serlo ¿por qué no?

Pero saberse más que Su Excelencia no es mérito. Evo es lo que es, un campesino sin instrucción ni conocimientos de ninguna clase, eso no va a cambiar y ese el problema. Peores son los que votaron por él.

Un nuevo mapa de Bolivia

Las elecciones municipales bolivianas efectuadas en 2004 fueron el indicador de las presidenciales que llevaron a Evo Morales al poder.

El país demostró de qué lado del espectro político estaba, que era similar a su geografía. El Oriente Boliviano con la derecha, el Occidente con la izquierda.

Las diferencias de opinión van a la par con la diversidad étnica y de costumbres que caracterizan a Bolivia. El abismo cultural entre Oriente y Occidente es gigantesco.

Los orientales son (o eran, porque cientos de miles de indígenas emigraron al Este) en su mayoría descendientes de europeos.

Emprendedores, generan riqueza, se identifican con el resto del mundo, aman la civilización occidental, quieren avanzar hacia la prosperidad y el desarrollo que ofrece el capitalismo. Son más civilizados, tolerantes y amplios de mente, que el resto de los bolivianos.

Los aimaras y quechuas de izquierdas, que predominan en Occidente, fueron en la antigüedad dependientes de la monarquía incaica, donde los incas (el estado) proveían de vivienda, ropa y comida, al pueblo, a cambio de su trabajo.

Fue el sistema monárquico-socialista que más tiempo perduró. Ellos están a favor del estatismo, el encierro, el aislamiento, el nacionalismo, el populismo, el neo-comunismo y la xenofobia.

Los campesinos bolivianos, al igual que la mayoría de los denominados pueblos originarios o poblaciones tradicionales, prefieren lo malo conocido a lo bueno por conocer.

Están arraigados a hábitos y formas de vida milenarios y, muy lentamente, evolucionan hacia un estilo de vida más moderno.

Son el extremo incongruente. Están acostumbrados a la pobreza, miseria y atraso que se vivió en el pasado, antes de las privatizaciones que se realizaron durante los gobiernos de Víctor Paz Estenssoro y Gonzalo Sánchez de Lozada y que el presidente Carlos Mesa quiso revertir. Asunto plasmado por Evo Morales.

Irónicamente, fue en el gobierno de Morales que una nueva clase alta aimara, de comerciantes e industriales capitalistas ha surgido. Los nuevos burgueses hacen gala de su fortuna, construyen edificios caros y coloridos de singular decoración y arquitectura. Indirectamente, están fomentando una manera productiva de enriquecimiento, envuelta en un orgullo cultural que les hacía falta.

Como siempre, la derecha, el capitalismo, fomentan el crecimiento y enriquecimiento material y cultural, a diferencia de la izquierda, que somete a todos a la mediocridad.

Bolivia, el país más revoltoso

La volátil situación mundial en la que los tercermundistas se sienten identificados con los terroristas y dictadores, hace que el escenario se torne incierto.

Las izquierdas internacionales e Irán, sustentan todo lo que es anti-occidental, invirtiendo dinero y otorgando asesoramiento político y militar para dominar.

Bolivia, tradicionalmente, fue el país más revoltoso del mundo, con más paros, huelgas, bloqueos, golpes de estado, manifestaciones, revoluciones y gobiernos que ningún otro.

Con ese precedente, se podrían dar las pautas para una secesión.

Muchos piensan que, si ésta se diera de forma pacífica, sería la solución al problema cultural y económico, uniendo a los departamentos del Oriente en una sola república independiente que se encargue de manejar sus propios recursos, negocios e intereses, dejando que los departamentos de Occidente decidan por sí mismos, cuál es el camino que ellos prefieren.

De esa manera cada uno puede vivir con sus ideas y modales y nadie tiene que sufrir en el antagonismo y conflicto permanente.

Los europeos y sus diversas etnias optaron por esa alternativa después de decenas de años de forzada unión bajo los soviéticos.

Yugoslavia se dividió en ocho naciones. También volvieron a independizarse Macedonia, Eslovaquia, la República Checa y los demás estados de la URSS.

Están los de la opinión de que es preferible crear dos o tres países más pequeños y fáciles de gobernar. Con gente que se entiende entre sí, que piensa, habla, come, se viste y conserva principios y valores homogéneos; a vivir en un contraste cultural que se distancia en miles de años de evolución entre un grupo humano y otro.

El analfabetismo y la ignorancia generalizada, siguen siendo la causa de los males y es difícil lograr que el cinco por ciento de la población eduque al 95 por ciento restante.

El mayor problema es, que ese 95 por ciento funcionalmente iletrado es el que decide el camino a seguir de todos los bolivianos.

La democracia es la tiranía de los números.

Desde el punto de vista democrático es legal y legítimo. Pero desde el punto de vista racional, no.

Para votar hay que tener sentido común y criterio, más no existe capacidad de discernimiento en los analfabetos, ni en quienes apenas saben leer y escribir.

El gobierno indigenista cambió el nombre del país de "República de Bolivia" a "Estado Plurinacional de Bolivia", lo que significa que hay muchas naciones y etnias divergentes en el mismo territorio. Por lógica, esas naciones deberían tener derecho a su autodeterminación.

Este conflicto cultural puede desencadenar en una guerra civil si los bolivianos no se unen férreamente.

El gobierno de Morales envió a miles de indígenas altiplánicos a poblar zonas del trópico boliviano, para evitar el desmembramiento político-geográfico del país y tener control absoluto sobre todo el territorio nacional.

Pero su dominio se basa en aspectos étnicos, lo cual no es lo más saludable para la buena convivencia.

La guerra civil

Las divisiones y confrontaciones que se han intensificado y magnificado en Bolivia desde que asumió el gobierno extremista de Evo Morales, quien es su principal instigador en vez de su apaciguador, podrían degenerar en una guerra interna de inusitadas características y dimensiones, que puede convertirse en un conflicto internacional. Políticamente, hay dos bandos, uno conformado por la oposición que defiende la economía libre, la democracia y las autonomías regionales y otro agrupado en el oficialismo, que aboga por la economía socialista, el caudillismo y el centralismo.

El gobierno en vez de buscar la concertación y la unidad nacional, que fue lo que trataron de hacer todos los anteriores administradores del ejecutivo, incita al enfrentamiento, azuzando a sus correligionarios a combatir contra un enemigo que aún no se sabe con certeza quién es.

Si hay choques: ¿Será el gobierno contra la oposición? ¿Entre etnias, regiones, clases sociales? ¿Todos contra todos?

Morales acusa a los "oligarcas" de ser sus adversarios, pero por definición la única oligarquía es la gubernamental. No puede haber millones de oligarcas, como denuncia el ignorante dictador.

El panorama es siniestro. Lo único que se sabe hasta el momento, es que el ejército, por primera vez en décadas, recibió armamento ruso moderno. Inicialmente éste llegó de Venezuela, actualmente los pertrechos deben estar llegando de Irán.

Los comandantes de las Fuerzas Armadas Bolivianas están vendidos al oficialismo, percibiendo bonos exorbitantes bajo la condición de que obedezcan a militares caribeños que les ordenan lo que deben hacer.

Siendo armas de guerra las que ingresaron al país, las posibilidades de defensa de la población civil son inexistentes.

El ejército boliviano, de ser el más raquítico de Sudamérica, pasó a contar con nuevo equipamiento y será dirigido por oficiales cubanos y mercenarios de Hezbollah.

Las Fuerzas Armadas Bolivianas son las únicas que cuentan con la capacidad organizativa y entrenamiento adecuado para combatir.

La población civil, no tiene ninguna experiencia bélica ni armas para hacer frente a una guerra fratricida.

Si el ejército arremete contra la ciudadanía, las víctimas pueden llegar a decenas de miles.

Como sucedió en Sudán, Ruanda, Yugoslavia y ocurre en Venezuela, el mundo observará complacientemente durante largo tiempo hasta que alguien se atreva a entrometerse.

Confiar en la ONU, es igual que tener a nadie. Son más en el foro los que apoyan a las izquierdas y a los musulmanes radicales, que los que defienden la justicia, la libertad y los derechos humanos.

La OEA bajo el mando de Luis Almagro está igual o peor que con José Miguel Insulza.

El uruguayo está con Maduro, López Obrador, Díaz Canel y toda la escoria izquierdista, pese a que prometió públicamente en Miami, defender el estado de derecho en Bolivia.

Para evitar una masacre se requeriría de la intervención militar estadounidense.

Dos más dos habitualmente suman cuatro

Creer que puede haber una lucha bélica interna, no es ser apocalíptico, obviamente, tampoco es ser optimista, pero es que hay factores inamovibles en la naturaleza de las personas como para predecir cuáles serán sus acciones futuras en función a su comportamiento previo.

Por eso las Ciencias Políticas son ciencias, dos más dos, habitualmente suman cuatro.

Creer que un dirigente emotivo, que siempre está a la defensiva, va a modificar sus actitudes provocativas, es utópico.

La gente por lo general no cambia. Partiendo de tan simple premisa, es imposible que Evo Morales gobierne un Estado en forma pacífica y democrática.

Lo que se teme venir, obedece a datos analizados por expertos que emitieron un informe singularmente inquietante en lo que respecta al futuro de la nación del altiplano.

El modelo de la guerra civil

Un estudio realizado, cuando Morales asumió la presidencia, por el grupo de Apoyo a las Colectividades Extranjeras de la Cancillería Argentina, muestra avecinarse una dramática situación en Bolivia, que afectará profundamente a sus vecinos.

El análisis revela, que en base al modelo desarrollado por Paul Collier y Anke Hoeffler; existe un 56 por ciento de probabilidades de que se desate una guerra civil.

Para la confección del trabajo se tomó en cuenta disímiles variables como ser exportaciones primarias, PBI, PBI per cápita, crecimiento del PBI, meses de paz, concentración geográfica, población, fraccionamiento social y predominancia étnica.

El patrón es utilizado desde hace décadas por empresas de magnitud, sobre todo de los Estados Unidos, para establecer los riesgos que deparan los países del mundo a sus potenciales inversiones.

La base se establece con el cálculo de regresiones históricas sobre guerras civiles, que muestran que las causantes de enfrentamiento bélico interno de mayor importancia son las económicas, en tanto que los motivos sociales y políticos, afectan mucho menos a la fragilidad de las naciones.

Un 56 por ciento de posibilidades de guerra fratricida es un porcentaje muy elevado, teniendo en cuenta que los parámetros de ese tipo de informes, aplicados con éxito en 161 países, entre 1960 y 1999, indican que con 42 por ciento, ya se cumplen las condiciones objetivas que desencadenarán tarde o temprano la batalla.

El texto destaca, que en sociedades como la boliviana, donde la fractura étnica es moderada, dividida en 30 por ciento quechuas, 30 por ciento mestizos, 25 por ciento aimaras y 15 por ciento blancos, aumenta el riesgo de confrontación. A partir de la compleja situación, los países de la región y, en particular, los limítrofes, ven con preocupación lo que allí ocurre y cómo les afectaría ese escenario virulento, que es el menos deseado.

Una guerra intestina en el centro de Sudamérica, además del desgaste político para la región y el desconcierto energético para el Brasil, que consume gran parte del gas boliviano, significaría que la Argentina tendría que recibir cerca de un millón de refugiados bolivianos, con un gasto anual para la república rioplatense de entre 438 y 730 millones de dólares anuales, que no los tiene.

Los guarismos proyectan un mínimo de 600 mil y un máximo de un millón de potenciales expatriados. Incluso se estima, que un conflicto de esa proporción, podría costarle a Bolivia cerca de 24 mil millones de dólares.

¿Secesión es solución?

Un sociólogo japonés dijo que dos países parecidos eran Bolivia y Canadá. Suena absurdo, pero ambas naciones cubren inmensos territorios, ricos en recursos naturales, con escasa población.

Los canadienses de origen anglosajón y francés contemplan diferencias. Sin embargo, siendo la mayoría de los canadienses de origen europeo, las divergencias étnicas y culturales, no son tan notorias como las reinantes entre los indígenas altiplánicos y los demás bolivianos.

Tampoco existe la infranqueable barrera cronológica, en que una población vive en el siglo 21 y la otra en la edad media. Bolivia es muchas naciones, razas y culturas, en un mismo suelo, con mayores desemejanzas que los canadienses.

En 1995, Canadá convocó a un referéndum donde los francos buscaron su independencia. Después de los resultados, 50,58 por ciento a favor de los unionistas, contra 49,42 por ciento de los secesionistas, civilizadamente, aceptaron la convivencia en armonía.

Muchos en Bolivia consideran que la solución es la opuesta, ya que 80 por ciento de los conflictos sociales provienen de Occidente y terminan afectando injustamente la vida y la economía del resto de la nación.

Los bolivianistas quieren una sola nación unida donde tienen acceso a las riquezas de oriente y occidente, por más que pocos las explotan, ya que el gobierno estatista y totalitarista de Morales no lo permite.

Los aimaras y quechuas reclaman la reivindicación de sus terrenos milenarios en las montañas de occidente, pero no tienen derecho ancestral sobre las llanuras orientales del trópico boliviano.

La gran disyuntiva está en que los indígenas y el gobierno, ansían los bienes de los habitantes del Este, sus fértiles tierras y las riquezas energéticas del lugar. No faltan tampoco los orientales, que desean tener acceso a las riquezas mineras de Occidente.

La secesión pacífica podría ser la solución para dos culturas y mentalidades divergentes, que viven en constante conflicto e incertidumbre, sometidos a las peligrosas decisiones y caprichos de políticos sin conocimientos, sin experiencia y sin sentimiento de patria.

Recordemos la moraleja de Karl Smitch: "No es la guerra civil la que ocasiona la división de los estados, sino que es la división de los estados la que ocasiona la guerra civil".

Si Morales se obstina en querer ser reelegido, pese a que fue vetado por el pueblo en un referendo realizado en Febrero de 2016, es casi imposible que deje de haber enfrentamientos políticos armados y, estos, podrían convertirse en guerras geográficas.

Contradictoriamente, hoy el hastío por el gobierno es general y tanto orientales como occidentales quieren el cambio. Irónicamente, el desencanto con Evo puede ayudar a solidificar la unidad nacional. Son los mismos aimaras quienes están cansados de él y su régimen autocrático.

El neo-comunismo y el neo-populismo

La historia de Bolivia, tal como la del resto de Latinoamérica, es la historia del estancamiento.

Mientras América latina avanza 10 pasos, Asia adelanta 1.000 y Estados Unidos 10.000, en el mismo tiempo.

Si uno toma cualquier periódico de 80 años atrás, se sorprenderá de ver los mismos titulares de hoy, los mismos conflictos y, lo más patético de todo, los mismos discursos.

Aunque las modernas comunicaciones nos permiten ver en el mismo instante los eventos que acontecen en el orbe y nos ponen al tanto en arte, ciencia, música, moda y tecnología. El aprendizaje político es nulo.

En Bolivia todavía hay marxistas, leninistas, trotskistas y, no es de sorprender que Evo y su corte deseen retornar al incario.

El presidente Morales está convencido de que debe gobernar de por vida estableciendo un modelo monárquico-socialista pre colonial.

El atraso intelectual es tan vetusto, que cualquier intento de mejora es casi inútil. El proceso evolutivo podría demorar siglos si es que se logra algún avance. Dos siglos de historia republicana demuestran que los esfuerzos no han servido para mucho.

La oscuridad envuelve las mentes del orbe. El socialismo, en términos simples, no es más que rendirse a la mediocridad.

El fenómeno está afectando a los Estados Unidos. Los socialistas norteamericanos, incrustados en el Partido Demócrata, están en la misma frecuencia que los individuos más atrasados del planeta.

En vez de elevar a la población a niveles de superación individual que les permita dar rienda suelta a su creatividad, adquirir cultura y generar riqueza. Los populistas desean fundirse con la masa ignorante.

El populismo es someterse a las demandas irracionales de todo grupúsculo amenazante que busca beneficios para sí en desmedro del resto de la población.

¿Sucedió alguna vez en la historia de Latinoamérica, que un gremio salga con un pliego "ofertante" como hacen los sindicatos japoneses, en vez de un pliego petitorio?

Para crecer, hay que mirar hacia arriba, hay que respetar y admirar al mentor. Hay que pensar y sentir como él.

Nadie crece mirando hacia abajo, cediendo ante los absurdos de la incultura y el infantilismo demandante de la turba. Todas las medidas populistas son siempre demagógicas y en el caso boliviano el discurso socialista vino de las elites desclasadas.

Los portavoces de las grandes mayorías son tontos, sinvergüenzas, pero distinguidos.

En su incapacidad de discernir entre lo correcto e incorrecto y ante el complejo de culpa de sentirse inservibles al país o temerosos de las hordas vandálicas que amedrentan a la población, han optado por la moda izquierdista, creyendo que la ideología consiste en vanagloriar la ignorancia.

Para los que viven actualizados, leen libros y tienen las ideas claras, la tendencia moderna, consciente y futurista es hacia el liberalismo capitalista.

La razón es muy simple: Si China está saliendo de la pobreza y atraso medieval con el capitalismo y la libre empresa, todos deberían seguir sus pasos.

Los neocomunistas, tienen una palabra en común, que a decir verdad parece estar en boca de todos los que pretenden hacer política: "Integración".

Quien da un discurso habla de la integración nacional.

Pues es hora de que se den cuenta de que la única integración real que se da en Bolivia, donde existen más de 30 etnias autóctonas diferentes, está en Santa Cruz de la Sierra, donde los inmigrantes del interior y del exterior se han vuelto cruceños.

Han decidido ir al Oriente a trabajar y tener mejor vida, lejos de los desmadres que acontecen principalmente en el collado.

Los quechuas se integran a otros grupos humanos y han aceptado el mestizaje de forma positiva y productiva.

Los aimaras son más aferrados a su modo propio. Están logrando estilizar su cultura, lo cual es meritorio y digno.

No obstante, tanto aimaras como quechuas tienen entre sus congéneres menos evolucionados, muchos patoteros cargados de odio racial, gran parte del cual fue fomentado por Evo Morales y sus camaradas.

Para integrar a Bolivia, hay que hacer que los que saben menos, estudien, aprendan, se disciplinen, adquieran hábitos occidentales y busquen superarse individualmente.

La integración no se hace por la fuerza, es un proceso de aceptación mutua.

Cuando las costumbres, pensamientos y sentimientos son similares, la unificación es rápida y natural. Cuando la integración se quiere hacer por decreto, el desastre está garantizado.

El millonario campesino comenzó temprano

Las mentiras de Evo, son parte de su jerga habitual. El manipuleo de la verdad que hicieron los líderes del MAS se exteriorizó descaradamente en su primera campaña presidencial en 2005.

Quisieron simular, ser una nueva imagen política, cuando simplemente eran lo mismo, pero aumentado, de la corrupción, demagogia, promesas rotas y mentiras que los bolivianos hemos visto y oído desde que se fundó la república.

Durante la campaña electoral por los municipios, en grandes y costosos avisos solicitados, el Movimiento al Socialismo, dijo ser "el referente moral de la nación", alegando, que ellos no usaban dinero del empobrecido estado boliviano, que, por ley, regala dinero a los partidos para que hagan campaña.

Pues si no usaron de los recursos del pueblo ¿de dónde sacaron el dinero para hacer miles de banderas, gigantografías, publicaciones, propagandas, avisos, camisetas, caravanas, viajes y todos los gastos que conlleva el manejo de un partido político en campaña electoral a nivel nacional?

Habría que considerar, asimismo, los habituales bloqueos, manifestaciones, pintarrajeado de paredes y movilizaciones, de miles de personas, transportadas en cientos de camiones, que debían ser alimentadas diariamente.

Con esa gente fueron atemorizando a la población citadina en forma casi cotidiana antes de hacerse socios de Carlos Mesa y llegar al poder.

El ex presidente Gonzalo Sánchez de Lozada dijo que, el golpe que lo derrocó costó 35 millones de dólares. ¿De dónde sacó el dinero el "humilde campesino"?

La "moralidad" socialista

¿Es la producción de coca y cocaína el referente moral del MAS? Sus seguidores se dedican a una actividad criminal condenada por todos los países del mundo.

Pero ni el gobierno, ni el Congreso, ni la inoperante Oficina de Lucha Contra la Corrupción, cuestionaron el origen de las descomunales cantidades de dinero que gastaba el jerarca del MAS, el nuevo partido neocomunista, antes de que fuese presidente.

Los socialistas hablaron de la eliminación de las prebendas y el tráfico de influencias.

¿Pero acaso no es prebenda ofrecer concejalías, diputaciones senadurías y otros cargos públicos a personas que no tienen ningún punto de concurrencia con la ideología de su partido?

¿Y, no es tráfico de influencias, el haber negociado ministerios, embajadas y vice-ministerios a cambio del apoyo en el Congreso?

Hay una sola característica clara, definida y constante en el MAS: el engaño al pueblo. La demagogia populista para engatusar a los inexpertos.

El MAS es la fuerza política que más dinero ha gastado jamás en Bolivia.

Es un partido que ni siquiera está manejado por bolivianos, sino por fanáticos islamistas iraníes y dictadorcillos comunistas caribeños, que están forrados de dólares. Obviamente, el jefe de la organización financiera era Hugo Chávez, que regaló el dinero de los venezolanos a sus cómplices del sur.

Una fuente importante de ingresos para el MAS, provino de las ONGes, que pululaban en el país regalando plata a los vándalos de la izquierda.

En ese momento el apoyo financiero servía para que sus congéneres europeos, disfruten de ver en la televisión cómo se producían revueltas, guerrillas, actos de terrorismo y depravación en el tercer mundo, mientras ellos se acomodaban en sus poltronas.

Eso cambió. El terror está en Europa. Hoy, pueden ver el extremismo en sus noticieros locales o pueden abrir sus ventanas y ver lo que ocurre en las calles.

Un punto al que hacía referencia el MAS, es que ellos no eran un partido tradicional.

¡Por supuesto que no! Los partidos tradicionales, no tienen esa cantidad de recursos monetarios, no bloquean caminos, no destruyen la economía.

Evo aniquiló el turismo, la industrialización de la minería, las empresas exportadoras de productos no tradicionales.

En sus planes está acabar con los profesionales independientes y profundizar el socialismo, de manera que todos se conviertan en empleados del estado.

Los partidos tradicionales nunca fueron tan intolerantes, no amenazan, amedrentan ni insultan como los dirigentes y partidarios del MAS.

Obviamente el MAS no se considera tradicional, se considera revolucionario, igual que se creía el ultra conservador partido comunista de la URSS hace cien años.

El MAS, es un partido nuevo en el tiempo, pero el más retrógrado en el pensamiento.

Todavía no se percataron de que Marx, Lenin, Mao, fueron enterrados filosóficamente, por gente muy inteligente, que vivió oprimida por el progresista socialismo durante más de 70 años.

Bolivia, bajo el sobrenombre de "nacionalismo", vivió el más profundo estatismo en el continente y lo único que logró es el empobrecimiento generalizado.

Cocaína, el mejor commodity

El ascenso de Evo Morales al poder, significó más que cualquier otra cosa, la libre producción de coca, que trajo una bonanza económica que se desparramó sobre toda la población boliviana.

No fue la primera vez que un gobierno despenalizó la hoja, hizo la vista gorda a su cultivo o directamente se involucró en el narcotráfico.

El dictador, Luis García Meza, fue el adalid del narco estado que lo hizo millonario a él y sus adláteres.

Gracias a una ley de amnistía que permitió a narcotraficantes confesos, cumplir con cortas condenas carcelarias para librarse de toda culpa, conservando su patrimonio, los delincuentes lograron hacerse respetables hombres de negocios.

Hecho que no difiere al acontecido en Estados Unidos después de la Ley Seca, cuando se forjaron fuertes imperios económicos y políticos, siendo el más famoso el del clan Kennedy, cuya prominencia y riqueza es producto de los sucios e ilegales negocios de Joseph Kennedy, el patriarca de la familia.

La moderna ciudad de Santa Cruz de la Sierra, le debe gran parte de su crecimiento al narcotráfico en los años 70 y 80.

Cochabamba, el centro productor, vivió su momento de gloria gracias a la droga. Entonces, se hablaba del colchón financiero que aportaba la cocaína, siendo más relevante que la economía formal.

Hoy la cocaína, mucho más que en esa década, está en manos del estado. Los narcotraficantes son los gobernantes.

Pase lo que pase a nivel internacional, por más que el mundo aplique represalias, condene y se manifieste en todos los foros contra la hoja sagrada de los incas, la cocaína llega a todos los puntos del globo.

Su efecto es multiplicador de riqueza, pero simultáneamente arrastra consigo el incremento de la delincuencia, adicción, tergiversación de valores producto del dinero fácil y todo lo siniestro que conlleva la actividad criminal más lucrativa, después del terrorismo y el tráfico de armas.

Coca sí y cocaína también

Decir "coca sí, cocaína no", que fue uno de los lemas propagandísticos de Morales, fue la mejor mentira, porque una vez comercializada la hoja, se desconoce su destino final.

Hoy, la cocaína boliviana supera en calidad a la peruana y colombiana, porque es el gobierno, que, utilizando los más puros productos químicos (precursores) fabrica la mejor del mundo.

Uno de los principales motivos por el cual Evo se mantuvo en el poder sin sobresaltos económicos —como sucedió en países con economías mucho más fuertes como Brasil y Argentina— fue la cocaína.

Si se tomara la plantación de la hoja de coca, como ejemplo de la iniciativa privada de los campesinos para explotar los recursos naturales, el camino hacia la abundancia estaría enriqueciendo a todos.

La coca es propiedad de quien la produce: el campesino cocalero. Si se usa para elaborar cocaína, novocaína o Coca-Cola, depende de con quien el agricultor negocie su mercadería.

Hoy, el principal comprador de la hoja es el gobierno. El 90 porciento de la cocaína está en manos de Evo & Cía., que la exporta con ayuda venezolana, cubana, e iraní, hacia Brasil, Argentina el Medio Oriente, Estados Unidos, Europa y Asia. Los africanos no pueden costearse esos lujos.

Si el gas, el petróleo, el litio, estuviesen en manos privadas, permitiendo comerciarlos a gusto, la población minera se beneficiaría, como la campesina lo hace con la droga.

Pero en Bolivia el subsuelo pertenece al estado, lo que automáticamente aplasta las posibilidades de crecimiento económico del individuo, que si encuentra oro en su patio no puede explotarlo, de ahí que el camino alternativo al enriquecimiento es la ilegalidad.

Bolivia se está hundiendo de forma invisible y muy lentamente, tras la implantación de las tradicionales medidas económicas socialistas, que alegran a las multitudes por un tiempo.

El gobierno aumentó los empleos estatales y los impuestos a los empresarios privados, creó industrias improductivas, manejó los fondos ineficientemente, congeló el tipo de cambio.

Hizo todo lo que no se debe hacer y quiere hacer más. La burbuja del auge económico pronto colapsará y vendrá la inflación.

Hubo un apogeo sin parangón para los que hicieron negocios con el gobierno.

Otros se beneficiaron como nunca, cuando, después de la muerte de Chávez, Evo decidió no atacar a la empresa privada, la única generadora de riqueza legal.

Si al ciudadano boliviano le dejan trabajar sin obstáculos es un extraordinario empresario.

Existen, proporcionalmente, más bolivianos en puestos de alto nivel en empresas de espectro mundial que otros latinoamericanos.

Los tratados internacionales que Bolivia tenía con otros países se han resquebrajado.

Tarde o temprano, los ricos gobernantes, productores de la cocaína serán enjuiciados.

Este es uno de los motivos por los que no quieren ni pueden dejar el poder. No tienen adónde escapar, más que a Cuba o Irán.

España y Uruguay que cada día se tornan más zurdas, también se están convirtiendo en un puerto seguro para los delincuentes.

En 178 años Bolivia estará bien

De acuerdo con un estudio realizado por el PNUD en 2006, Bolivia necesitaba de 178 años para salir de la extrema pobreza.

La noticia no causó el revuelo que debería en los ambientes políticos ni empresariales.

"Bolivia debe dejar de ser dependiente de los recursos del gas y potenciar el sector manufacturero para generar miles de fuentes de empleos", afirmó el ex-coordinador del Informe de Desarrollo Humano del Programa de las Naciones Unidas, George Gray Molina, al presentar el estudio: "La economía más allá del gas".

La exposición temática planteó, que no se identifique al gas como el único producto capaz de engendrar trabajos, sino que se dirija la mirada hacia otros sectores que contribuyen al desarrollo, como son las micro y pequeñas empresas.

Explicó que eso tiene que ver con pasar de una economía de base estrecha vinculada al recurso natural y a pocos sectores altamente modernos, a una economía industrial de base ancha con áreas diversificadas y miles de actores productivos.

En otros términos; hay que construir fábricas que ofrezcan empleos para que la gente tenga ingresos adecuados, una vida decente y deje de emigrar.

Eso se logra en una economía libre con inversionistas particulares, ya que ningún estado debería entrar a lidiar en el mercado pues es siempre incompetente.

No hubo presidente que haya recibido estructura financiera en mejores condiciones que Evo Morales, gracias al despreciado e incomprendido neoliberalismo.

Además de la estabilidad económica lograda tras 20 años de arduo trabajo, los acreedores le condonaron prácticamente todas las deudas.

Sin embargo, las propuestas del gobierno fueron conflictivas con ese método de generar riqueza que ha sido aplicado exitosamente por absolutamente todas las naciones más prósperas del planeta. La anacrónica onda andina es como la de los rusos antes de 1917, lo que en cierta medida explica por qué el país está tan atrasado y que el socialismo haya ganado en las elecciones.

En las condiciones actuales, 10 generaciones de bolivianos deberán pasar por la miseria antes de ver la luz al final del túnel, a menos que se produzcan reformas estructurales, no de corte centralista, estatista, populista, ni de ninguna de las fórmulas planteadas por el ejecutivo, sino de orden privatista, capitalista y globalista, expandiendo la libertad económica. Cada año 174 mil bolivianos se suman al conjunto de pobres y en vez de plantear soluciones realistas, los gobernantes ofrecen promesas demagógicas que están condenadas al tacho de basura.

La economía no entiende de derechos
Para los socialistas no hay leyes ni constantes económicas, sólo existen reclamos reivindicatorios.

No comprenden que la economía no entiende de derechos. Los cambios que proponen hacia un socialismo tradicional, producirán un retroceso mayor y Bolivia no podrá salir de la indigencia.

¿No les avergüenza a los intelectuales izquierdistas, predicar las mismas incongruencias que condenaron a los europeos al esclavismo y la penuria?

El retroceso de Bolivia, es nada más que el reflejo del letargo e ignorancia de sus líderes. En todos los aspectos, la diferencia de apreciación de la realidad con las sociedades avanzadas es notoriamente visible.

Hay once millones de personas en el centro de Sudamérica con centenario atraso en relación a sus contemporáneos ricos. ¿Se puede crear un estado eficiente bajo esas circunstancias?

El presidente habla de refundar el país. ¿Con qué mentalidad, la del limitado campesino que aún no llegó a la industrialización o la del individuo moderno que vive al instante los cambios culturales, sociales y tecnológicos?

Los apoyadores al oficialismo confían en un populismo tribal que acrecentará exponencialmente la insuficiencia y diseminará la carestía a todos los estratos.

Por suerte el problema se podrá solucionar en apenas 178 años.

Como el tiempo en Bolivia no es oro, ni litio, ni gas, ni hierro, ni petróleo, es un periodo insignificante de espera que no afecta a la mayoría, cuya forma de vida es la misma desde hace siglos y siglos y más siglos, de pobreza.

La autodestrucción es la tradición

Los analistas políticos del exterior encuentran un común denominador aún indescifrable en relación a Bolivia, y, es el deseo constante de autodestrucción que tiene su pueblo.

Se asombran de ver, cómo un país se pasa la vida disparándose en el pie. ¿Cómo es posible que una nación busque de forma premeditada el suicidio colectivo? ¿Hasta dónde puede llegar la ignorancia popular?

Nadie se explica cómo un país tan espectacularmente rico en recursos naturales, puede seguir revolcándose en la pobreza.

La razón fundamental, es el analfabetismo. El analfabeto, psicológicamente hablando, es un individuo incapacitado para cualquier labor en el mundo moderno.

Acá no hay mucho que analizar, si no se sabe leer ni escribir, ni siquiera se puede manejar un vehículo en una ciudad moderna, porque hay que entender los carteles de señalización.

Hay que visitar Miami para ver las imbecilidades que cometen los turistas que no saben inglés.

Saber leer y escribir tampoco es garantía de capacidad de discernimiento, si esas habilidades no son utilizadas para adquirir conocimientos útiles.

El que sabe leer, pero nunca lee, no es diferente a un analfabeto. Leer mensajes de texto no hace más docto.

Tenemos un país con elevadísimo porcentaje de analfabetos, que están excluidos automáticamente del quehacer moderno y tenemos otro grupo, posiblemente mayor en número, que son los semi-analfabetos, más peligrosos aún que los anteriores, porque no saben de nada, pero creen que lo saben todo.

El resto de América Latina encuadra en esa categoría. América del Norte empieza a seguir la misma ruta.

Son los dirigentes progres, pertenecientes a este grupo, quienes provocan los paros, bloqueos, vandalismo y destrucción. Los analfabetos totales, simplemente siguen a éstos.

Como los campesinos se encuentran al margen de la civilización, viviendo su precaria existencia siglo tras siglo sin cambios, no hace ninguna diferencia en sus vidas si salen a bloquear caminos o no.

El mundo para ellos no ha mutado casi nada en los últimos mil años. Una hora, un día, una semana o una vida perdida les da igual, porque todavía no aprendieron a valorar su tiempo ni su existencia.

Para la clase media boliviana, es como tener un cuchillo clavado en el pecho. Cualquier movimiento hace que la estocada llegue más a fondo y se agrande la herida.

Las inocentes víctimas de los desquicios nacionales, son los trabajadores, los comerciantes, los industriales.

Al gobierno y a sus funcionarios les importa un bledo. Ellos siguen siendo los señores mejor pagados del país.

Es eso lo que buscan los líderes de los movimientos sociales o políticos. Llegar al poder, donde el dinero fluye y no se necesita tener título universitario ni inteligencia para hacerse rico.

Cada uno de los caudillos locales, busca nada más que su propio beneficio y tal vez el de sus seguidores, por necesidad de complicidad.

Las ambiciones e instintos, característicos de la precaria evolución mental y espiritual del hombre mediocre, hace que sólo le interese su supervivencia sin importarle en absoluto el prójimo.

Lo aberrante de esta condición, es que un ignorante tiene tanto derecho al voto como un intelectual. Y analfabetos e ignorantes son la mayoría, por lo tanto, tienen muchas más posibilidades de llegar al poder

La historia de Bolivia, y Latinoamérica, es nada más que la persistente y cíclica repetición de errores.

La actitud común del indocto y del mediocre, es echar la culpa de sus desgracias a los demás. Barak Obama es de esa categoría. Sigue criticando a los que le precedieron, pese a que no está más en el poder.

Por lo menos la estupidez ya no está solamente en el sur. La izquierda norteamericana está siguiéndole el paso.

En Bolivia la culpa la tiene hoy el neoliberalismo, que nadie todavía logró explicar ni entender.

Antes la tuvieron los militares. En el camino, la tuvieron las empresas privadas.

Si no es alguno de los factores mencionados, la culpa la tiene el vecino o "el imperio".

Siempre existe alguien o algo a quien echarle la culpa de los problemas.

Los manifestantes, son solo víctimas inocentes, capaces de destruir carreteras, puentes, negocios, vehículos y hundir al país en la miseria, pero son los buenos de la película, porque son pobres.

Con un panorama semejante, ideal para que el populismo adquiriese energías renovadas, no era de extrañar que Evo llegase a presidente.

Morales es el extremo de los Kirchner, Lula, Ortega, Correa, Mujica, Bachelet, Maduro, Vázquez y López Obrador.

La dictadura de Evo Morales

El fenómeno "Evo Morales" es decepcionante hasta para los izquierdistas.

Inclusive los periódicos afines a su tendencia, dejaron de alabarlo y cuestionan su compromiso con la libertad y la democracia.

¿Cómo les demoró tanto tiempo a sus seguidores, darse cuenta del error de darle su voto, si Morales durante años vino actuando autoritariamente?

¿Cómo se puede concebir que un sindicalista pendenciero, sin ninguna preparación intelectual, ni altura moral, maneje un país?

Su provocadora, arrogante y acomplejada naturaleza siempre está presente.

El poder económico o político, aumenta los defectos de sus poseedores, a menos que éstos sean personas centradas, no extremistas.

La ilustrada izquierda boliviana, no sólo es grotescamente burguesa, sino que nunca fue consecuente con su ideología.

Se aliaron con Hugo Banzer (su adversario de la derecha) a cambio de pegas.

Y pese a que Banzer me dijo en confidencia, muchos años antes de su alianza con la izquierda, que a él "le gustaba el MIR" (Movimiento de la izquierda Revolucionaria) al MIR nunca le gustó Banzer.

Fue después de que les regaló puestos en el gobierno, traicionando a su propio partido (Acción Democrática Nacionalista) que Banzer se convirtió en un "gran hombre" para el MIR.

Las izquierdas democráticas perdieron su dignidad. Eso también abrió paso al sindicalismo destructivo de Morales, que no era fomentado por trabajadores exigiendo algo justo o injusto, se trataba de sembradores de coca, que abierta o disimuladamente, son socios de los cárteles.

El ascenso de Evo Morales al poder, fue como si Al Capone hubiese sido elegido presidente de los Estados Unidos. (Hillary Clinton y Bill, no están muy lejos de esa categoría, hay que leer "True Colors" -Colores Verdaderos- o ver la película).

Los más arrepentidos son los que abiertamente apoyaron su candidatura y hoy no encuentran dónde esconder la cara, pero también están los otros que le votaron y que ven sus intereses y seguridad en juego.

Bolivia no pudo ni podrá ser una socialdemocracia como soñaban los izquierdistas moderados, porque no tiene la capacidad económica para brindar servicios sociales adecuados, no hay sentimiento de solidaridad nacional ni respeto por el prójimo y no existe un nivel de educación adecuado como para desenvolverse con juicio.

Pero, fundamentalmente, no existe la obediencia a la ley, que es el punto de partida hacia una sociedad civilizada. Hoy, el mayor quebrantador de las normas, es el gobierno. La polarización entre el régimen y el pueblo se hace cada día más notoria. Todo es arbitrariedad, ofensa, irracionalidad. Morales quiere imponerse como Castro después de su revolución.

Los cambios se darán por convicción, a medida que a los bolivianos se les desvanezcan sus libertades y derechos. Esas son las supuestas batallas imperdibles.

Dicen que ningún déspota puede someter a un pueblo con voluntad de ser libre, si existe unión y valentía; pero esas son ilusiones.

Ni los chinos, ni los rusos pudieron acabar con sus tiranos. Los hundió su propio sistema que nunca logró brindar los supuestos beneficios que prometieron.

Bolivia entró en su cauce habitual de conflicto y crisis permanente. Falta el líder opositor que se remangue la camisa y se ponga al frente del pueblo en las calles para dirigir, tal como hizo Morales en su amenazante carrera hacia el poder y lo está haciendo a medias y mal, Juan Guaidó en Venezuela.

Carlos Mesa se hace pasar por opositor para participar en unas elecciones que son totalmente ilegales y sirven para afianzar a Evo. Esta jugada es la más vil y descarada que alguien pueda realizar, por eso, hay que recordar.

El terrorismo de estado

El 16 de abril de 2009, funcionarios policiales ingresaron a un hotel céntrico de Santa Cruz de la Sierra y mataron a tres hombres que se encontraban durmiendo, bajo la presunción de que eran mercenarios que fueron a Bolivia a asesinar al presidente Evo Morales.

Un día antes en la misma ciudad, explotó una bomba en la casa del Cardenal Julio Terrazas, quien tuvo innumerables tropiezos con Morales, que está empecinado en erradicar la religión católica y el poder de la Iglesia de la nación andina.

Antes de ingresar al hotel, los policías desconectaron las cámaras de vigilancia y borraron de las computadoras los datos de los huéspedes.

Inmediatamente, con eficiencia inusual y sin tener datos provistos por los supuestos conspiradores, porque para entonces estaban muertos, descubrieron lo que denominaron "un arsenal", compuesto por viejos fusiles con el sello del ejército boliviano, en un lugar completamente alejado del sitio del suceso, perteneciente a la Cooperativa de Teléfonos de Santa Cruz.

Durante la redada no hubo ningún policía herido, ni evidencias de disparos en ningún lugar, más que en la habitación de los fallecidos.

Sin embargo, los agentes afirman haber tenido un tiroteo con los sospechosos, hecho negado por los huéspedes y residentes en el hotel.

Las víctimas fueron un irlandés, Michael Martin Dwyer, un boliviano-húngaro (con pasaporte croata) Eduardo Rosza-Flores y un rumano Arpad Magyarosi.

Casi simultáneamente apresaron en otros puntos, a un boliviano y otro húngaro.

Las cancillerías de Dublín, Budapest y Zagreb, se pronunciaron en defensa de sus súbditos asesinados e iniciaron los oficios correspondientes exigiendo al gobierno boliviano que aclare la situación.

El hecho derivó en serias penalidades para el régimen indigenista que obró de forma criminal, eliminando a los sospechosos sin probar su culpabilidad.

Días después, el 23 de abril, la policía boliviana allanó una sinagoga en la localidad de Rurrenabaque en la Amazonia boliviana. Un centro turístico a 400 kilómetros de La Paz, donde detuvieron brevemente y sin explicación a mochileros israelíes que, como muchos jóvenes, principalmente europeos, visitan el hermoso lugar.

El tirano salió del closet

Lo acontecido en el hotel de Santa Cruz, mostró que Morales se siente fuerte e intocable. El alborotador campesino, volvió a mostrar su verdadero rostro, cruel y salvaje, actuando impunemente.

Es que lo vino haciendo desde hace 20 años sin que nadie lo detenga. Desde que empezó su carrera política, ésta ha estado manchada de sangre.

No ha habido un solo año en el que Evo Morales no haya causado víctimas, ya sea desde la oposición o desde el gobierno y siempre culpó a sus adversarios de sus propios crímenes y desmanes.

Evo Morales es el presidente más hipócrita, reaccionario y sanguinario que ha tenido Bolivia en los últimos 50 años.

Pero esta vez está jugando con fuego. La popularidad de la que gozaba en los ambientes progresistas europeos se desmoronó. Su ignorancia y arrogancia es tal, que dijo que los gobiernos involucrados "no tienen ninguna autoridad para exigir informes".

Continuó en su rústico español (y no habla otro idioma): "Es muy grave, yo puedo pensar que ellos entonces son los que han mandado acá a atentar contra la democracia… muy grave. Soy capaz de procesarlos a ellos, es mi deseo, pero no soy jurista".

Aumentando leña al fuego, el vicepresidente de Bolivia, Álvaro García Linera, que fue terrorista y cumplió condena criminal por sus actos, dijo que los supuestos mercenarios fueron contratados por personas vinculadas a algunos empresarios privados.

El gobierno movilizó tropas militares a la ciudad de Santa Cruz, bastión de la oposición. Morales concentró fuerzas represivas en el lugar, alegando que había intentos de secesión o de derrocarlo.

El asesinato de los europeos fue condenado internacionalmente. Es una de las razones por las que el presidente boliviano dejó de viajar y aparecer en las páginas de National Geographic.

Si va a Europa lo meten preso como a Pinochet. Se le achicó el mundo de forma súbita. Hay juicios por asesinato que le esperan apenas deje la presidencia, dentro y fuera de Bolivia.

El oscurantismo de moda

¿Cómo es posible que millones de personas supuestamente instruidas y civilizadas, puedan perder la perspectiva de la realidad para dejarse llevar por la absoluta ceguera mental?

Como sucedió durante las Cruzadas, la Inquisición, la Alemania Nazi y el apogeo del Comunismo en Europa Oriental, lo irracional, lo barbárico, el odio y el resentimiento, sumados a la más indescriptible crueldad, están encontrando asidero en millones de mentes y corazones humanos.

Hoy, el fanatismo está en algunas de las universidades más prestigiosas del mundo, bajo la batuta de catedráticos izquierdistas, que en su erróneo concepto de pretender identificarse con aquellos menos favorecidos —en este mundo creado en base a la desigualdad de la naturaleza— pretenden ser más justos que Dios y apoyan a los desquiciados del momento.

El oscurantismo casi siempre ha ido de la mano de alguna religión o filosofía política o ambas. Al fin y al cabo, el poder religioso es más poderoso que el político. Los fanáticos más extremistas de hoy, están en su mayoría en el mundo islámico.

Los musulmanes, particularmente árabes, de igual forma que algunos grupos de indígenas de los andes centrales y muchas poblaciones africanas, han quedado marginados del mundo moderno.

El nivel de alfabetización entre los islamitas varones, está alrededor del 30 a 35 por ciento. Entre las mujeres alcanza apenas al dos o tres por ciento. Su estatus económico está por los suelos, su educación es retrógrada y están aislados de lo que es ciencia y tecnología.

¿Cuál es el motivo para que estos grupos hayan quedado rezagados? El Oscurantismo. ¿Y qué es Oscurantismo? Es el acto de oscurecer o esforzarse por prevenir el esclarecimiento, la iluminación, el avance científico, la modernidad, impedir el progreso del conocimiento y el aprendizaje de la sabiduría.

Los progres de Occidente, que pregonan su falso amor por los marginados del orbe, auto-adjudicándose el monopolio de la solidaridad, terminan igualándose con el primitivismo extremo, aceptando, adoptando y promoviendo su brutalidad e incultura.

Galileo

El clásico ejemplo de oscurantismo, se remonta a Galileo Galilei y la Santa Inquisición. Cuando Galileo descubrió que la Tierra giraba alrededor del Sol y decidió publicar su hallazgo, fue arrestado por hereje. Cuando pidió que se le permitiera demostrar su descubrimiento a través de la observación por el telescopio, la iglesia rehusó, ya que, si los hechos eran contrarios a las sagradas escrituras, los hechos debían estar equivocados.

Hoy sucede lo mismo con los fanáticos islámicos y los opositores a la globalización y el capitalismo.

Creen que destruyendo todo lo que atenta contra su religión o filosofía, pueden impedir el avance de la humanidad en su evolución tecnológica, científica, económica y cultural.

No pueden aceptar ante la inequívoca evidencia del desarrollo contemporáneo, que el socialismo, la economía de estado y el fundamentalismo religioso e ideológico han fracasado, siempre.

Existen diversas causas para que prevalezca el oscurantismo en varios periodos históricos, pero la primera y más relevante, es el deseo de retener ciertos conocimientos dentro de un círculo limitado de personas, por razones económicas, políticas o ideológicas. El conocimiento es fuente de poder y donde hay analfabetismo rampante el poder es mayor.

Entonces, la esencia del oscurantismo es la exclusión. Uno es miembro del grupo de los "iluminados" o se es ignorante.

Aquellos que están en el grupo privilegiado tienen interés en mantener sus conocimientos en secreto y disfrutan del delicioso placer de acceder a información que nadie más entiende.

Esta es la historia de los grupos dominantes en los países andinos, el Medio Oriente y África.

Poderosos señores se esfuerzan por mantener a la gran masa en la incultura, usándola como carne de cañón o mano de obra barata, limitando la competencia en los negocios y el poder.

La manera de oscurecer a las poblaciones indígenas de Sudamérica es a través del populismo izquierdista.

Exaltan sus idiomas nativos y costumbres, manteniéndolos al margen del desarrollo, distanciándolos cada vez más del resto de Latinoamérica, del mundo y de la realidad del siglo 21. Logran así, el mismo efecto que los imanes con el Corán y sus dogmáticas leyes.

Coexisten entonces, dos formas de oscurantismo de moda, el fundamentalista islámico y el izquierdista.

Pareciera que el más peligroso, es el de los izquierdistas porque están en todas partes, aparentan ser racionales y en su frustración histórica de haber sido derrotados ideológica y pragmáticamente, buscan unirse con las sociedades primigenias, pretendiendo convencernos de que gente con más de diez siglos de atraso evolutivo, tiene la razón.

Los musulmanes radicales, son más fanáticos, pues su convicción es religiosa. Proviene de una fuente superior, invisible e indiscutible, mucho más perecedera que cualquier ideología política. Ese es el oscurantismo más peligroso de todos.

Bolivia la vibrante democracia

En octubre de 2006, cuando Evo comenzaba a atropellar brutalmente, apareció un artículo firmado por Sam Logan, titulado: "Bolivia la vibrante democracia". publicado en Suiza para el ISN Security Watch. Un Think Tank (Usina de Pensamiento) suizo.

El autor indicaba que la democracia en Bolivia no está erosionando, como apuntaban algunos observadores, sino que está viva, saludable y vibrante.

Comentaba acerca de la exitosa convocatoria al Referéndum Autonómico y la Asamblea Constituyente, como "grandes avances en el sistema con el que Evo Morales está comprometido".

Logan parece olvidar que desde el primer día en que los socialistas asumieron el poder, el Ejecutivo estuvo gobernando por decreto, eludiendo al poder Legislativo, imponiendo autoritarias medidas populistas.

Dice que es cierto que Morales mantiene vínculos estrechos con Castro y Chávez, pero que "está enfocado en gobernar su propio país".

Agrega que "Él habla a los bolivianos primero y al contrario de Chávez, no gasta mucho tiempo preocupándose acerca de la gran agenda socialista en las Américas". Si Morales habla sólo a los bolivianos es porque no tiene la preparación para hacerlo con una audiencia mayor, ni tampoco hay muchos dispuestos a escucharle.

No se preocupa por la agenda continental, porque apenas puede absorber torpemente los acontecimientos locales, menos aún los internacionales.

Sólo repite lo que escuchó de Chávez en sus discursos. Cuando asume una postura propia, debe desdecirse por los llamados de atención que recibe de sus asesores extranjeros, que en realidad son sus jefes y los verdaderos gobernantes de Bolivia.

Logan dice que su más antidemocrática actitud fue la nacionalización de los recursos energéticos que fueron hechos con "estilo y fuerza para el público doméstico, no para los noticieros internacionales".

Pues, todo lo que hace Evo es para consumo interno, pero con repercusiones exteriores.

Su estatización de los hidrocarburos con innecesaria fuerza militar, fue su tarjeta de presentación. Y, los noticieros —a pesar de Logan— están justamente para denunciar sus actos.

Morales dijo que su principal enemigo es la prensa y consecuentemente pasó una ley prohibiendo la libre expresión. El comentarista añadió que "...la democracia en Bolivia nunca fue tan fuerte".

Alabar la fortaleza democrática después de negar el derecho a expresarse, que es la base de la libertad y lo que nos diferencia de los animales, debe ser una nueva forma de respeto a las leyes. (Típica hipocresía suiza).

Concluidas las elecciones, sus partidarios asaltaron los municipios donde perdieron, agrediendo a los nuevos concejales. Hicieron renunciar bajo amenazas a más de 30 alcaldes.

El Ejecutivo violó los mandatos de la convocatoria a la Asamblea Constituyente, porque no tenía la mayoría que pretendía originalmente para imponer sus criterios totalitaristas, lo que desencadenó la reacción de la oposición y de cuatro departamentos (provincias) que pararon actividades en señal de protesta.

Seis de los nueve prefectos (gobernadores) fueron acusados de sedición por pedir que se respete la ley.

Debido a sus autocráticos impulsos, los países que brindaban soporte económico al proyecto constitucional, suspendieron su financiamiento.

"...los bolivianos finalmente han empezado a disfrutar no una fantasía sino una realidad".

Los bolivianos del partido gobernante sin duda están de fiesta, aprovechando del favoritismo de sus correligionarios, copando todos los puestos públicos, inclusive aquellos que ejercían profesionales que llegaron al cargo por concurso de méritos.

"Morales no es un dictador" ... Si no lo es ¿por qué gobierna sin el Congreso y pretende modificar las leyes a su conveniencia?

Democracia significa respeto a las minorías. Consecuente con sus maneras fascistas, ratificó las incendiarias declaraciones de su vicepresidente, que dijo, que el próximo paso de su gobierno será "conquistar el poder económico, el cultural y la totalidad del poder político". Lo cual cumplió al pie de la letra.

La nueva historia de Bolivia no muestra horizonte promisorio. La discriminación racial, política y cultural contra los mestizos y blancos, es frontal.

Evo es el típico "caudillo bárbaro", como fueron denominados históricamente otros como él, que llegaron a la presidencia e hicieron barbaridades.

El más notorio fue Mariano Melgarejo, que obsequió el inmenso y riquísimo territorio del Acre al Brasil, a cambio de un caballo.

Morales le regaló Bolivia a Chávez a cambio de dinero y poder. La peculiaridad de hoy, está, en que por primera vez asumió un caudillo a través del voto popular.

Eso no lo hace menos bárbaro, simplemente le da legitimidad. El salvaje salió de la selva, pero la selva no salió del salvaje.

Evo peleará contra Estados Unidos
Para el provinciano que llega a la ciudad, así sea apenas un poco más grande y moderna que la suya, ésta se transforma en una visión pocas veces concebida. Lo que asimile de su estadía en ella, dependerá de su inteligencia.

Si es un sujeto de bien, equilibrado, racional y coherente, tratará de aprender de lo que observó e implementará ese conocimiento para generar progreso en su aldea.

Si por el contrario la persona es ignorante, indolente y acomplejada, lo que vio le causará envidia y buscará su destrucción.

Los no pensantes actúan así. Sólo ven el brillo del resultado final y lo atribuyen a la suerte o a "la explotación", no perciben que detrás de esa riqueza, progreso y evolución, hay cientos de años de esfuerzo, de sacrificio, de fracasos, de estudio y de trabajo, de personas que no aceptaron quedarse atrás y buscaron desarrollarse, prosperar y mejorar su vida.

Para el aldeano, que nunca salió y no llegó a conocer la gran urbe, su mundo se reduce a su pequeño horizonte y vivirá y morirá en la ignorancia de no haber podido asimilar nada de quienes saben más.

En política es igual, hay quienes aprenden de los exitosos y los imitan y, hay quienes los envidian. Al fin y al cabo, dirigir un país es cómo manejar una vida pero que incluye a muchos.

Un estado es una extensión del ser individual. Si la cabeza funciona, todo marcha, pero cuando ella falla, todo fracasa.

Delirios de grandeza

Entre los infortunios de la humanidad están los delirios de grandeza, que de vez en cuando afectan a algunos líderes políticos. En realidad, es un síntoma de locura.

El creerse más fuerte o inteligente que otro sin valorar a ciencia cierta sus propias condiciones y las de su adversario, es ser imbécil o loco.

A veces es difícil notar la diferencia entre ambos, pero cualquiera que sea la definición que venga al caso, el primer lugar entre los irracionales del mundo lo ocupan los musulmanes fundamentalistas y el segundo, lo tenía Hugo Chávez.

El célebre Hugo I, segundo en el ranking de los lunáticos quería crear su frente antiamericano en la puerta de al lado de Norte

América, con el convencimiento de que podía combatir y vencer al país más poderoso que haya existido jamás.

Maduro, que es más bruto, piensa lo mismo.

Estados Unidos no es solamente Disney World, sus centros comerciales, aeropuertos y carreteras, que es lo que comúnmente ven los millones de turistas que lo visitan.

Es el país que ha sobrepasado a todos, en todo. Lo que lo convierte en una fuerza casi invencible, no sólo porque su ejército es el más moderno y poderoso del planeta, sino porque su pueblo es patriota de verdad. O lo era, hasta que llegó Obama y la extrema izquierda al poder.

El coronel Chávez insultaba a Estados Unidos y sus presidentes de forma habitual, de él aprendieron Maduro y Morales.

Para que estos dos genios se ubiquen y piensen dos veces adónde se están metiendo al provocar con discursos prepotentes y desafíos antidemocráticos a la superpotencia, hay que refrescarles algunos datos.

El PIB de USA es de 18.6 Billones de Dólares (trillones en inglés) el de Bolivia 33.8 mil millones. Menos del 0.2% del PIB de los Estados Unidos.

El gasto militar norteamericano es de: 600 mil millones anuales y suele llegar al billón de dólares. Estados Unidos gasta en defensa, cinco veces más que todos los ejércitos del mundo combinados.

Venezuela ni cuenta en el panorama económico, pues se ha convertido en el país más pobre del mundo. Su ejército se nutrió de armas, pero sigue siendo una hormiga en comparación con el norteamericano.

Bolivia se ha venido fortaleciendo de manera exageradamente inusual en los últimos 14 años, habiendo invertido más en sus fuerzas armadas, pero no es más que una cucaracha queriendo atropellar a un tanque.

Si comparamos el nivel tecnológico del armamento de USA y el entrenamiento militar de los soldados norteamericanos con los bolivianos, venezolanos, cubanos y todos los demás que quieran plegarse a la lucha, incluyendo al mundo chiita en pleno, seguirán siendo como un equipo de fútbol de niños de cuatro años, tratando de jugar contra la selección de Brasil. (Hay que usar términos futboleros para que Morales entienda).

Eso sin embargo no logrará detener a ningún delirante, tal como sucedió con Hitler, que embistió contra toda Europa y las dos potencias militares más grandes del mundo, Estados Unidos y Rusia.

Evo quiere pasar a la historia siguiendo los pasos de su adorado Hugo. Piensa que puede ser un líder continental y disfruta como pocos, de cada segundo en el palacio o en el jet.

El inusitado gasto en armamento del Estado Plurinacional, es lógicamente con objetivos bélicos. Ya sea que pretenda atacar a Chile, lo cual sería un grueso error. O atacar a sus ciudadanos, lo cual es más factible; invitaría a una guerra civil y a la incursión militar internacional.

El tirano racista

Cuando Evo Morales inició sus desaforadas aventuras políticas a la cabeza de los productores de coca y luego se vendió a Hugo Chávez, estimé que recibió del venezolano entre 50 y 60 millones de dólares.

Hoy la cifra me parece conservadora. Apenas tomó el poder repartió decenas de millones entre los jefes de las Fuerzas Armadas Bolivianas y alcaldes de la oposición.

Desde 1999 hasta 2006 Morales viajó por lo menos un centenar de veces a Caracas a recibir instrucciones directas de su jefe, quien todavía no era visible para la mayoría de los bolivianos.

Chávez apareció en el escenario cuando Morales ya tenía control del poder, de lo contrario, muchos no hubiesen votado por él.

Ese fue el mayor engaño al pueblo. Habiendo logrado su objetivo, todas las demás son mentiras en miniatura.

De las falsedades que pregona el presidente, algunas son copia de las que coreaba Mentirosa Menchú para concitar la atención e inspirar lástima.

Morales, como la guatemalteca, dijo que los blancos les cortaban las manos y les quemaban los ojos a los indios para que no pudieran aprender a leer y escribir.

Aclaremos: Los naturales andinos conocieron por primera vez la escritura cuando llegaron los españoles.

A los conquistadores no les interesó enseñarles gramática, pero tampoco les quemaron los ojos.

Usaban a los indígenas como esclavos, pero los necesitaban con ojos para que realicen sus tareas.

Ningún historiador, jamás dijo las barbaridades del analfabeto voluntario, Evo Morales.

La educación en Bolivia es obligatoria y gratuita. Existen escuelas diseminadas en todo el territorio nacional, pero el vil embuste sirvió para importar miles de cubanos con el aparente propósito de "alfabetizar" (adoctrinar) a los campesinos.

Los agricultores son porcentualmente una minoría de la ciudadanía, ya que la mayoría se mudó a los centros urbanos y suburbanos, como sucedió en casi todo el mundo. Los originarios se dedican al comercio, la industria y los servicios.

La manera de Morales para impactar internacionalmente, fue aludiendo a un racismo inventado por él mismo. (Obama, otro genio, hizo lo mismo).

Sus declaraciones frente a las protestas masivas que al inicio de su gobierno fueron creciendo en envergadura, eran que, "sus opositores quieren derrocar al indio". Nunca mencionó que "no indios" también votaron por él.

Elude responsabilidades sobre las violentas provocaciones y asesinatos cometidos por su gobierno, no respeta los derechos ciudadanos y avasalla contra la sociedad bestialmente.

Se refiere a sí mismo como "el indio amenazado", como si los demás bolivianos no tuviesen sangre autóctona corriendo en sus venas y su condición étnica fuese el móvil que alienta a la población a sublevarse.

Morales no quiere admitir que el pueblo se cansó de su alevosía, incompetencia y sometimiento a intereses foráneos.

Pocos hablan de la discriminación racista, contra los mestizos y blancos, difundida por sus ideólogos de ultra izquierda.

El mestizaje

La mayoría boliviana es mestiza. Los españoles no trajeron mujeres al nuevo mundo durante los primeros cien años de la conquista y se juntaron con las quechuas a quienes encontraron atractivas. El mestizaje con las aimaras fue menor.

El añejo resentimiento viene de que los indígenas aimaras durante el incario, vivieron como esclavos de los quechuas, que a su vez eran siervos de los incas.

El gobierno indigenista está cimentado en la calumnia repetitiva, igual que el de Chávez, pero el escudarse en una discriminación racial infundada, es una canallesca infamia.

Los únicos racistas declarados son Evo y sus cófrades. La segregación es frontal y pública.

Ni el Demente Coronel, siendo zambo, se atrevió a tanto y, es que los venezolanos son también amalgama de muchos genes.

Esa jugada de Morales es irritante y ofensiva, no sólo para los bolivianos, sino para cualquiera.

Escudar sus abusos e ineptitud trayendo a colación su linaje, está más allá de lo tolerable. (Esta táctica es de uso habitual por los demócratas norteamericanos).

Si los indígenas quieren guerra racial, de seguro la pueden tener, pero no habrá vencedores.

La falsa discriminación positiva

Entre los errores de percepción de la realidad de los izquierdistas, está la "discriminación positiva", que significa dar beneficios especiales a ciertos grupos, por motivos totalmente superficiales.

Por ejemplo: promover que personas sin preparación académica, dotes intelectuales o conocimientos de política, accedan a posiciones gubernamentales, sólo por ser de una comunidad, un gremio, un sindicato, una raza, un sexo o cualquier otra condición vacía que no tiene nada que ver con el cargo a ejercer.

La discriminación positiva tiene un precedente importante en Estados Unidos, con la denominada "Affirmative Action" que, entre otras cosas, obliga a las universidades a otorgar becas a estudiantes negros y latinos por el solo hecho de pertenecer a esos grupos, sin tomar prioritariamente en cuenta su rendimiento intelectual.

En otras palabras, si un joven de la mayoría blanca anglosajona goza de todos los atributos académicos para ser un brillante alumno, pero no tiene recursos económicos, sus posibilidades de obtener una beca son nulos porque no forma parte de un grupo minoritario. Viene a ser una discriminación al revés. Pero discriminación al fin. El extremismo discriminatorio en USA, hoy, se extiende a favor de los homosexuales, bisexuales, transgéneros y otras especies sexuales que salieron del closet.

Pese a los resultados negativos (porque acaban siendo mediocres en sus funciones) que conlleva este método de ofrecer mejores oportunidades a quienes se considera marginados, este tipo de segregación está en boga en Bolivia. (Como en todo el mundo progre).

Fiel a la onda, el ex presidente Carlos Mesa, cuando aún ejercía como tal, nombró a la primera "embajadora de pollera" en La Habana. (" ...de pollera" en Bolivia, significa indígena que usa su vestimenta típica).

Si es de pollera, vestido o pantalón, es un aspecto vano que no debería ser preponderante para poner a alguien en un cargo público. La pregunta que se debe hacer, es: ¿Quién está mejor capacitado para el puesto?

A los pocos meses, la diplomática volvió de propia voluntad sin que se sepa el motivo de su renuncia.

Posiblemente se sintió incómoda en un ambiente de un nivel cultural que no armoniza con su nivel educativo, por más igualitarios que se dicen ser los cubanos y muchos de los representantes internacionales acreditados allí.

Otro ejemplo discriminatorio "positivo" practicado en Bolivia es el que obliga a los partidos a colocar a 30 por ciento de mujeres en puestos elegibles y que el candidato presidencial Samuel Doria Medina (Unidad Nacional) un millonario que se metió en política para salvaguardar su fortuna, quiere incrementar a 50 por ciento.

Ofrecer la mitad de la participación femenina en el gobierno es un señuelo electoralista.

Según enseñan las universidades, la experiencia y el sentido común, para dirigir una empresa, una institución o un Estado, debe tomarse en consideración lo que se tiene entre las orejas no entre las piernas. (A menos que se administre un burdel).

¿Habría que preguntarle a Doria Medina si él practica esa misma política para manejar sus fábricas y si 50 por ciento de sus empleados son mujeres?

Si ellas gobernaran quizás viviríamos en un mundo mejor, porque hubo quienes demostraron singular capacidad para hacerlo.

Grandes ejemplos de estadistas fueron Margaret Thatcher y Golda Meir. Se ganaron su lugar en la historia demostrando inteligencia, sensibilidad, tenacidad y decisión, pero no fueron elegidas por su sexo, sino por tener virtudes para dirigir un país.

Si se va a elegir a alguien para manejar un gobierno, debe ser porque es idóneo para el cargo, no porque tiene un órgano reproductivo diferente, otro color de piel o usa un sombrero distinto.

El populismo dice lo contrario: Para obtener votos, demos puestos jerárquicos por simple apariencia, sin importar la instrucción o cualidades de los gobernantes.

La muestra más clara del resultado al que eso conlleva es el Congreso Nacional de Bolivia, formado por una mayoría de parlamentarios analfabetos.

El populismo embustero está incrustado en todos los partidos de izquierdas en todas partes del mundo.

Muchos políticos latinoamericanos fueron sacados de un programa de radio, de la televisión, de un conjunto musical o de un equipo de fútbol.

Todos incapacitados para dirigir una nación, pero son conocidos por el pueblo y, en un ambiente caudillista de arribistas aprovechadores, donde no existen principios ni ideas, logran acceder a posiciones de relevancia que afectan a la vida de los demás, por ser populares.

Positiva o como quieran llamarla, cualquier forma de discriminación es injusta y termina trayendo consecuencias negativas.

Igualdad de derechos y oportunidades para todos, sin preferencias de ninguna índole, es democracia. Todo lo demás es demagogia.

Mar con nadie

En una encuesta realizada en Chile en 2006, cuando Evo era ya presidente, 72 por ciento de los entrevistados rechazaron entregar una salida al mar a Bolivia.

El sondeo efectuado entre 1.200 personas de todo el país, con un margen de error del 2,34 por ciento, mostró que se mantenía estable la amplia oposición a la demanda de un acceso boliviano, soberano, al Océano Pacífico. Hubo un ligero incremento del 10 por ciento a favor de las aspiraciones bolivianas y algunos parlamentarios chilenos mostraron simpatía por la causa.

El antagonismo difirió poco del pasado. La percepción de los chilenos sobre los gobiernos bolivianos no mejoró.

En la ciudad chilena de Arica, cercana a Tacna, en la frontera con Perú. Puerto de preferencia para la salida e ingreso de productos, desde y hacia Bolivia, estando entre los lugares con mayor cantidad de residentes bolivianos y descendientes de estos, el rechazo fue mayor.

El 95,82 por ciento se opuso a crear un corredor entre Perú y Chile para que Bolivia tenga acceso directo a la costa.

Ni la socialista Michelle Bachelet, por más amistoso que aparentó ser su circunstancial vínculo con el presidente Morales, hizo nada respecto al mar.

La encuesta fue un llamado de atención, para que Bolivia se diera cuenta de que su política internacional con Chile fue mal llevada.

Si en los últimos cien años, en vez de los insultos, la búsqueda del enfrentamiento y las amenazas desafiantes, Bolivia hubiese buscado el acercamiento pacífico, la integración y el intercambio comercial, como intentó Sánchez de Lozada, tal vez la actitud chilena sería diferente.

Pero primó la visceral altanería alto-peruana que enfadó al vecino, quien con paciencia ha tolerado los deslices de la cancillería boliviana.

Con Chile se puede dialogar, hacer convenios, negociar y todo lo demás que se concibe en el mundo civilizado. El caso diametralmente opuesto es Bolivia.

Chile no ha variado su política exterior a través de los años, estando quien esté en función de gobierno. Bolivia, al contrario, modifica las reglas del juego, con cada presidente que llega al poder.

¿Cómo puede establecerse confianza con interlocutores tan inconsecuentes?

El canciller chileno de entonces, Alejandro Foxley, aclaró, que el diálogo sobre una eventual salida al mar que Chile acordó iniciar con Bolivia no incluía una negociación para la cesión de soberanía ni la revisión de los tratados ya firmados.

"No estamos diciendo que vamos a negociar territorio de ningún tipo ni mover ningún milímetro la tesis de que el tratado de 1904, que establece los límites, es intangible e inmodificable", indicó el dignatario.

Los presidentes bolivianos que tuvieron cierto grado de prudencia, no pudieron acercarse a Chile porque la visceral población indígena no los dejaba.

Ahora, que los originarios estaban en el poder y pretendían arrimarse a Bachelet, no había una mínima señal de que pudiesen esgrimir la situación con cordura.

De principio, exigieron que Buenos Aires no le venda gas boliviano a Santiago.

Con esa actitud incongruente, de agraviar por un lado y pedir cosas por otro, muy lejos no podía llegar Morales en sus aspiraciones territoriales, ni en sus relaciones internacionales. La izquierda en La Moneda, no tenía mucho en común con la del Palacio Quemado.

El armamentismo fomentado por Chávez, era un obstáculo para la apertura hacia Chile que no necesita amenazantes soldados bolivianos, apoyados por venezolanos y cubanos en una frontera más cercana a sus ciudades.

Quienes imaginaron sentir escurrirse la cálida arena de las playas perdidas, entre los dedos de sus pies descalzos, es preferible que se queden con los zapatos puestos.

Evo Morales candidato al Oscar

Una imagen que difícilmente se borrará de la memoria colectiva, es la de la entrevista que Evo Morales concedió al periodista Jorge Ramos de Univisión, en 2006, después de ganar las elecciones.

El flamante presidente se tornó agresivo con su entrevistador, cuando éste le cuestionó si considerar a Cuba como una democracia no era una hipocresía.

Morales se levantó abruptamente de su asiento en forma amenazante, tomando la pregunta como un insulto personal, y dijo: "¡A mí nadie me dice hipócrita!".

Tal vez hay que llamarlo, impostor, farsante, simulador o comediante, por más que su parodia no es muy apreciada por la civilización pensante.

En la citada entrevista, el cocalero se comportó como realmente es, sin libreto, vestuario ni maquillaje.

De ahí en adelante recibió entrenamiento histriónico y sus apariciones ante el público extranjero fueron más medidas, mostrando a un Morales más sereno, aunque igual de bruto.

Pocos toman en cuenta al verdadero Morales, acometiendo criminalmente contra los bolivianos opositores a su régimen, estrechando vínculos con los tiranos más duros del orbe.

En esos primeros meses de gobierno, en que recibió abundante soporte mediático internacional, Evo se creía candidato al Nobel.

Debido a que, Mahmoud Ahmadineyad, el entonces presidente de Irán, le prometió 1.000 millones de dólares, que son muchos más que el millón y medio que otorga el Comité Nobel. Morales dijo en una conferencia de prensa, hablando de sí mismo en tercera persona, como de un personaje mayor:

"Por ejemplo, el tema del presidente de Irán. Nuestras relaciones son una muestra clara de que no está Evo Morales detrás del premio Nobel de la Paz".

La que es una de sus tantas falsedades, porque desde que se sentó en el trono, todas las agrupaciones indigenistas del continente, sumadas a incontables ONGes, ex galardonados izquierdistas y fundaciones financiadas por comunistas y socialistas, estuvieron trabajando incansablemente en el asunto.

Con la visita del presidente iraní a Bolivia, el plan se derrumbó.

"Con o sin el premio Nobel, igual vamos a seguir defendiendo a la gente que necesitamos defender internamente, externamente", agregó el mandatario.

El cocalero se cree tan grande que piensa que puede influir en otros países.

Agredió gratuitamente al presidente Felipe Calderón de México, diciendo que su gobierno era legal pero no legítimo.

Morales destacó que: "…busca hacer alianzas con presidentes, con movimientos sociales, para salvar al planeta Tierra y cambiar el modelo económico que rige en el mundo porque hace tanto daño a la humanidad".

Con su sabiduría y minucioso conocimiento de ecología y macroeconomía, debería transmitir su mensaje en China, Vietnam,

Japón, Singapur y otras naciones del lejano oriente, para que cambien de rumbo a tiempo, explicándoles con detalle acerca del "daño" que causa el capitalismo.

También dijo: "Somos de la cultura de la paciencia, no del revanchismo".

Sus palabras además de falsas, son ofensivas para aquellos compatriotas que se convirtieron en blanco de los abusos de su autoritario gobierno.

Llamar "cultura de la paciencia" a la sociedad originaria más anárquica y violenta de América, que provocó más golpes de estado que ningún otro grupo humano y, desde que Morales es su líder, causó más muertes que cualquier gobierno dictatorial, no sólo es hipocresía, es vil descaro.

Su fingimiento nuevamente salió a flote, a ojos de todos, cuando le televisaron en la Asamblea General de las Naciones Unidas y se expresó contrario a la carrera armamentista, diciendo:

"Yo entiendo que las armas son la industria de la guerra". ¡Qué profundidad de pensamiento! Le debe haber tomado varios días aprender esa frase.

Olvidó mencionar que su tutor, Hugo Chávez, fue el mayor inversor en material bélico de Latinoamérica y que sus socios iraníes sueñan con destruir el planeta con bombas nucleares.

Morales fue a New York como emisario del Demente Coronel y utilizó sus contados minutos en el podio de la ONU para hablar por su patrón, en vez de por su país, oponiéndose a los combustibles bioenergéticos, porque si Brasil empieza a exportar etanol, Venezuela se quedará sin mercado para su petróleo.

Por un lado, el campesino presidente habla como protector de la ecología y se muestra adverso al "calentamiento global" y, por otro, se opone a la energía alternativa.

Si eso no se llama hipocresía, se llama ignorancia, que al final, es lo único que tiene en abundancia.

Una idea realmente estúpida

Considerado el documento político más perfecto jamás redactado, la Constitución Política de los Estados Unidos, ha servido de cimiento para casi todas las nuevas repúblicas que lograron su independencia desde hace algo más de dos siglos.

Entre los 55 redactores se encontraban algunos de los cerebros más brillantes de la época, influidos por las ideas de Locke, Montesquieu y el Iluminismo Escocés. Su objetivo fundamental es defender la libertad individual.

Ese fin común de preservar la libertad del individuo encima de cualquier cosa, es lo que le da poder al pueblo. Es una constitución hecha para que los derechos ciudadanos estén siempre por encima de los privilegios gubernamentales.

Sobresale de entre todas las constituciones del mundo, porque en su brevedad, claridad de lenguaje, capacidad de adaptación a las circunstancias, simpleza, elasticidad en los detalles, justicia y definición de principios, ha sabido hacer frente a una guerra civil, dos guerras mundiales, una depresión económica, 40 años de guerra fría, el cambio tecnológico más espectacular jamás experimentado por nación alguna y ahora, está combatiendo al terrorismo, sin tener que ser modificada.

Pero en Bolivia, cada 10 años aproximadamente, se necesita de una nueva Constitución Política, porque la vorágine de maravillosos cambios que la ha convertido en líder de los pueblos suicidas y uno de los más atrasados y pobres del planeta, obliga a modificar algo que una parte de la población no leyó porque no quiere y la mayoría no leyó porque no puede.

Esa mayoría iletrada, envió a sus delegados, a una Asamblea Constituyente para redactar una nueva Ley General de la Nación.

Los pueblos originarios pidieron participación directa en la elaboración del documento que regirá el destino de Bolivia por generaciones por venir.

¿Qué podía salir de semejante aberración intelectual y política? Una constitución populista de corte marxista que dé poder total al estado sobre el ciudadano, acabando con las libertades individuales y la propiedad privada.

¿Por qué marxista? Simplemente porque la anticuada, trillada y equivocada filosofía socialista de hace más de cien años, es la onda de moda entre los oligofrénicos del orbe y es lo único que todavía no se ha intentado en Bolivia.

El admirable erudito, Evo Morales, se declaró Marxista-Leninista cuando tomó el poder.

Los constitucionalistas campesinos, gracias al adoctrinamiento de las ONGes, son de esa línea, aunque no sepan lo que significa y tuvieron la oportunidad de plasmar sus ideas en un terreno fértil, bajo la convicción absoluta de que lo pueden hacer mejor que los capitalistas.

La convocatoria a la Asamblea Constituyente, fue de todas las ideas estúpidas, seguramente la más estúpida de todas, pero se llevó a cabo.

Preguntemos a cualquiera de los portavoces de las agrupaciones ciudadanas, campesinos, grupos étnicos, juntas vecinales y otros legisladores ¿qué es lo que quieren cambiar de la constitución? y ninguno tiene la más remota idea.

Son como la mentalmente minusválida congresista demócrata de USA, Alexandria Ocasio Cortez que cuando le preguntaron: ¿de qué quiere acusar a Donald Trump? respondió, "de tantas cosas".

Crear una Carta Magna, es tarea tan delicada, que requiere de individuos cultos con alto entendimiento de la estructura gubernamental; sabiduría política; elevados principios éticos; moralidad sin tacha; conocimiento profundo del idioma porque cada palabra tiene peso específico en las leyes que deben ser interpretadas a cabalidad; deben tener clara comprensión de la naturaleza humana; sus debilidades, vicios y virtudes.

Para proyectar una constitución moderna, se necesita de gente actualizada, con todos los atributos señalados.

No se puede construir una civilización en el Siglo XXI sobre conceptos ideológicos fracasados universalmente o en precarias ideas de una sociedad que en su mayoría piensa y vive como un europeo del Siglo X.

La Constitución Política Boliviana tenía grandes falencias y necesitaba ser modificada o rehecha, pero no para que estemos peor. Los pueblos autóctonos enviaron a sus delegados, legisladores iletrados, sin criterio ni sentido común, para dirigir los destinos de empresarios, universitarios, profesionales e intelectuales.

La ignorancia en el poder

Pese al fraude en 2007, porque fraude hubo y le quitó por lo menos 20 por ciento de los votos a la oposición en los resultados finales; en Venezuela se impuso el ¡NO!, en el referéndum para aprobar una nueva constitución política, que buscaba dar poderes ilimitados y vitalicios al maniático teniente coronel, quien no tuvo más alternativa que aceptar su derrota.

En Bolivia, el segundo país controlado totalmente por Chávez, se instituyó la Asamblea Constituyente con las mismas pretensiones.

Para participar en el foro se escogió a decenas de analfabetos del MAS, que andaban correteando por el país buscando un lugar para sesionar, escondiéndose de la población indignada que no estaba dispuesta a tolerar más imposiciones autocráticas.

Escondidos tras los muros de un cuartel militar en la ciudad de Sucre, los asambleístas del partido gobernante —Movimiento al Socialismo— aprobaron en grande, por consenso y sin que participara la oposición, la Constitución Política más oscura, retorcida, imbécil e inaplicable que un ser humano pueda imaginar.

La falta de criterio y sentido común, característica de los iletrados, brilla en el tratado, que está plagado de palabras sin sentido ni contenido y, que, debido a su kilométrica extensión, sólo se puede citar parcialmente, dando una mirada a algunas partes salientes que permiten apreciar el nivel al que puede llegar la estupidez.

Su introductorio primer artículo, es el comienzo de un prosaico viaje al mundo de lo barroco y da la pauta de lo que es el resto del compendio.

Dice así: "Bolivia se constituye en un Estado Unitario Social de Derecho Plurinacional Comunitario, libre, autonómico y descentralizado, independiente, soberano, democrático e intercultural. Se funda en la pluralidad y el pluralismo político, económico, jurídico, cultural y lingüístico, dentro del proceso integrador del país".

Bla-bla-bla… ¿Pluralismo económico y jurídico? ¿Significa que cada uno puede hacer sus negocios y juicios como le parezca mejor? Increíblemente, la respuesta es ¡Sí! pero sólo si se es miembro de una etnia primigenia. Los demás deben obedecer a la ley antojadiza del gobierno y sus serviles jueces.

Su artículo quinto reconoce como idiomas oficiales a 36 lenguas autóctonas además del español.

Entre los idiomas figuran el "Weenhayek" y el "Yaminawa". El primero pensé que era el nombre del esposo de Salma Hayek, pero no recuerdo que la mexicana estuviese casada con un indígena amazónico.

El segundo me parece haberlo probado en un restaurant sushi.

El documento era nulo por derecho, porque prescribió el tiempo para su estudio y aprobación, además de que fue votado sin escrutinio, en una jurisdicción ajena a la especificada en la convocatoria a la asamblea.

Sin embargo, el mundo merece conocer la clase de pensadores políticos con que cuenta el gobierno pluralista, plurinacional, indigenista, originario, bolivariano, multiétnico, multicultural, autónomo, independiente, antiimperialista, integracionista, multifuncional, multiuso y cualquier otra bobada que se le quiera agregar, ya que, según la mentalidad autóctona, las palabras rimbombantes, de las que ni siquiera saben su significado, le dan mayor importancia al texto.

Con referencia a los derechos y libertades individuales, los franceses de la revolución, se quedaron cortos.

Los originarios dicen: "Los derechos, libertades y garantías reconocidos por esta Constitución, son inviolables, universales, interdependientes, indivisibles y progresivos".

¿Interdependientes, indivisibles y progresivos? ¿Progresivos significa que las libertades aumentan a medida que se es libre? Los derechos fundamentales ya no son "fundamentales" sino "Fundamentalísimos", como está escrito textualmente, y establecen que:

"Toda persona tiene derecho al agua y a la alimentación".

Los bolivianos deben estar agradecidos porque se les concede autorización para mantenerse vivos.

Su Capítulo IV sobre "Derechos de las Naciones y Pueblos Indígenas Originarios Campesinos" en su primer artículo dice inextenso, que los indígenas tienen el derecho: "A existir libremente".

Los sensibles y generosos gobernantes permiten existir a sus congéneres. Ese debe ser el motivo por el que Evo Morales fue propuesto al Nobel de la Paz.

Los legisladores nativos, no advierten el grado de agravio y discriminación hacia ellos mismos que denota semejante premisa.

El capítulo señalado es una constitución aparte, lleno de contradicciones con el cuerpo central del escrito.

Fue confeccionado solamente para los habitantes originarios, que tienen atribuciones preferenciales, por encima del resto de la población y, prácticamente, les permite hacer lo que les dé la gana.

El neocomunismo, como es lógico, resalta cuando se toca el tema de la propiedad, indicando que:

"Toda persona tiene derecho a la propiedad privada, individual o colectiva, siempre que ésta cumpla una función social".

Obviamente, la "función social" la establece el estado confiscador.

El documento es una aberración intelectual, política y humana, merecedor de un análisis psiquiátrico.

La ridícula constitución confirma que el socialismo es una enfermedad mental.

En camino al totalitarismo

En Bolivia donde la mayoría tiene visión a corto plazo y busca resultados y gratificación inmediatos, pocos se daban cuenta del peligroso camino por el que estaban yendo los acontecimientos políticos en 2006.

La ingenuidad hacía, que mucha gente creyese que debido a que se estaba viviendo un corto periodo de paz y tranquilidad, el país se apaciguó.

Gravísimo error que sería devastador, costándole al pueblo todo lo que tiene, porque el plan totalitarista de la extrema izquierda era típico del armado revolucionario.

Existen tres etapas por las que hay que pasar para alcanzar el poder desde la oposición.

La primera, consiste en crear una crisis real o ficticia.

Esta primera fase se logró a través del vandalismo y las presiones de los grupos radicales que ocasionaron paros de actividades y bloqueos de caminos durante seis años, hundiendo a la economía y conduciendo a la renuncia de dos presidentes, siendo el causante de las revueltas el Movimiento Al Socialismo (MAS) de Evo Morales.

La segunda, implica aparecer como los salvadores de la patria con la panacea completa, siendo los oferentes de las soluciones los mismos que provocaron la crisis.

La tercera etapa y la más peligrosa, consiste en crear un nuevo orden legal.

Acá se plasman las ideas del cambio total, que normalmente es difícil de revertir.

Como referente histórico; cuando el dictador cubano Fidel Castro tomó el poder, lo primero que hizo, antes de ocupar la presidencia, fue declararse comandante de las Fuerzas Armadas. Durante sus primeros nueve meses de gobierno aprobó aproximadamente 1.500 decretos, leyes y edictos, entre los que ordenó la expropiación de negocios y propiedades.

Entre sus imposiciones más importantes estuvieron la Reforma Agraria y la Reforma Urbana, ambas efectuadas en 1959 confiscando y redistribuyendo bienes.

Evo intentaría lo mismo a través de su "revolución en democracia", imponiendo un gobierno dictatorial.

George Orwell explicó: "No se establece una dictadura para salvaguardar una revolución; se hace la revolución para establecer una dictadura".

Hay muchas preguntas por plantear, la más importante de todas es: ¿Está Bolivia preparada para vivir en democracia? Sólo durante los primeros 10 años desde la reinstauración del Poder Legislativo se vivió en la normalidad, los 14 restantes fueron de descalabro.

La peor democracia, es mejor que la mejor dictadura. Pero en Bolivia no hay democracia. Desde que Evo Morales asumió el mando, usurpó todos los poderes del estado, además no existe libertad de prensa ni de expresión. Eso ya lo dice todo.

Desde 1985 a 1995 hubo paz y orden porque todavía estaba fresco el amargo recuerdo de las dictaduras militares, pero aquél que hoy tiene menos de 45 años, de eso no sabe nada.

La corrupción en Bolivia es un mal necesario

Después de las reformas económicas realizadas en 1985 por el presidente Víctor Paz Estenssoro, que revirtió el estatismo que él mismo instauró cincuenta años antes, Bolivia entró en el cauce de las sociedades modernas y empezó a crecer, brindándole la oportunidad a su pueblo de prosperar.

Hasta los menos favorecidos, tuvieron su porción de beneficio y mejoraron su precaria vida.

El dinero estaba en todas partes y, si el país, posteriormente, se convirtió nuevamente, en el de menor crecimiento de América Latina, no era por una política económica errónea, sino por la corrupción.

La corrupción en Bolivia es un mal necesario.

Si uno dedica su vida a la política y quiere verdaderamente hacer cosas positivas por el país, pero no se asegura de enriquecerse, el estado nunca le va a dar sustento para sobrevivir una vez completado su mandato.

No ocurre como en las demás democracias del mundo civilizado, que, si uno ejerce una función pública, en el futuro recibirá una jubilación o sueldo vitalicio que le permita vivir con dignidad.

O uno se las ingenia para obtener dinero en el poder o vivirá en la miseria.

La burguesía autóctona

Con el criticado neoliberalismo, nuevos estratos accedieron a la riqueza que antes era patrimonio de la oligarquía.

Los indígenas crearon una moderna clase media que no existía, dando un vuelco al aparato social.

Subieron de categoría en apenas 20 años, mostrando habilidad en los negocios y la industria; sus hijos se educaron en colegios privados, hoy son profesionales, se occidentalizaron y aburguesaron.

Si el aburguesamiento hubiese llegado hasta el último escondrijo de la sociedad, no habría tanto radicalismo, pero el progreso es lento.

Por otro lado, si bien el prosperar y disfrutar de la vida y el confort se ha convertido en una realidad más aceptada y entendida por la mayoría, no deja de crear rencores entre los acomplejados extremistas.

Para tener una idea del cambio acontecido, el parque automotriz boliviano creció en más de 1.000 por ciento, entre 1985 y 1995.

El bienestar y la buena vida hacen que uno se olvide de los problemas, lo que puede llevar a la indiferencia y ese es uno de los motivos por los que los fanáticos izquierdistas pululan en todas partes sin que la supuestamente moderada clase media reaccione.

Nadie tomó en cuenta que después de la caída de la URSS podía haber un resurgimiento del comunismo, pero este es el Tercer Mundo, lo que significa: incongruencia, falta de ideas creativas e incapacidad de aprender de los que ya pasaron por lo mismo.

Sorprendentemente, hasta los Demócratas en Estados Unidos están entrando en la onda tercermundista-socialista. La imbecilidad es contagiosa.

Una importante población de Bolivia, está con los progresistas, que no aprenden de la historia y son en realidad los rezagados del planeta. Inclusive, los conservadores, creen en el estado centralista-paternalista que tiene que proveer a los demás.

El país comienza a empobrecerse producto de la descomposición moral. Los izquierdistas en el gobierno, son los ladrones más grandes.

Hay una clase media que debe la casa, el auto, la ropa y el cepillo de dientes a los bancos. Una clase alta rica y una tercera parte de la población que vive en la indigencia

¿Cómo se soluciona esto? Abriéndose al mundo, capitalizándose en una economía de libre mercado, enriqueciendo a la gente con la creación de fuentes de trabajo a través del incentivo a las inversiones nacionales y extranjeras, protegiendo la propiedad privada, aburguesándose y empezando a disfrutar de la vida, sin complejos.

La generosidad sin límites

En 2007, al tiempo que Venezuela perdía posiciones entre las economías del orbe, ocupando el puesto 28 entre 29 países de América y su inflación acumulada de 13,6 por ciento era la mayor del continente —lo que la llevó a fijar precios a los artículos básicos de la canasta familiar, como el pollo, la carne y el azúcar— el teniente coronel seguía despilfarrando en el exterior, alimentando a extremistas afines a su ideología y sustentando a sus aliados con préstamos multimillonarios.

Chávez estaba regalando en América Latina más dinero que los Estados Unidos y Europa.

The Associated Press indicó, que para 2007 prometió más de 8.800 millones de dólares en donaciones y financiamientos, pero no se sabe con certeza cuánto dio ni a dónde fue a parar el dinero.

La ayuda norteamericana se maneja con estrictos controles fiscales y objetivos específicos, que hacen que su cooperación no sea grotescamente visible como la del venezolano, que era usada de cartel publicitario para el régimen bolivariano.

Estados Unidos es quien más aporta al BID, la ONU y el Banco Mundial, que entregan los fondos a las naciones necesitadas, condonando habitualmente la deuda de los países más pobres como Bolivia, Nicaragua, Honduras, Guayana y Haití, a quienes les perdonaron el pago de 7.500 millones de dólares.

Mientras el militar neocomunista seguía ganando terreno afianzándose como jefe máximo de los incautos latinoamericanos, 25 por ciento de los 26 millones de venezolanos subsistía con menos de tres dólares diarios.

Gran parte del capital distribuido en Latinoamérica era utilizado para sobornar a individuos con cierto liderazgo que no se vendieron inicialmente al chavismo.

Todos reciben plata

En Bolivia, el alcalde del pequeño pueblo de San Lorenzo, en el departamento de Tarija, entre otros intendentes, recibió un cheque del embajador venezolano por 427.000 dólares para construir un nuevo mercado agrícola. El pueblito tiene alrededor de 3.000 habitantes...

La entrega se hizo sin condiciones, como un obsequio personal. Pero en la política, en los negocios y en el amor, no hay almuerzos gratis. La factura, más temprano que tarde, les llega a todos. Morales cobró con votos el regalo de Chávez.

A quien más dinero entregó Chávez en Sudamérica, fue a la monarquía de los Kirchner en Argentina, los cuales recibieron 5.100 millones de dólares a cuenta de bonos del estado, ante lo que el periódico escocés The Scotsman citó mordazmente: "Argentina es la mejor democracia que el dinero puede comprar".

La nueva propuesta continental de Chávez era la creación del "Banco del Sur". Como capital inicial para su formación, pensaba utilizar las reservas internacionales de Venezuela.

Simultáneamente el Banco Nacional de Desarrollo Económico y Social venezolano (Bandes), se estaba expandiendo a Bolivia, Uruguay, Honduras, Guatemala, Haití y Nicaragua, brindando préstamos blandos. A los agricultores nicaragüenses les cobraba cinco por ciento de interés, en comparación con el 35 por ciento que exigía la banca privada.

Por si sus marionetas se desplomaban y sus intereses políticos y económicos tambaleaban, el Stalin bananero importó asesinos del Medio Oriente y sostuvo financieramente a delincuentes, mercenarios, líderes barriales, piqueteros, políticos, militares de baja ralea y tropas enteras de individuos de peligroso pedigrí, con quienes conformó células que le obedecían directamente.

Estos serían usados para cometer atentados terroristas, asesinatos, robos y secuestros, que desestabilizarían cualquier opción de gobierno ajeno al castro-chavismo.

Al desbocado paso que andaba el locuaz demagogo, Venezuela pronto estaría en la bancarrota.

Los que asumieron las consecuencias fueron obviamente sus habitantes, a quienes les elevó los impuestos y le borró tres ceros al bolívar para disimular su desplome.

Hoy, bajo la descomunal inteligencia y juiciosa dirigencia de Maduro, la inflación superó el millón por ciento y Venezuela es el país más pobre del mundo.

Llegan inmigrantes

Como se preveía, Bolivia está convirtiéndose en una base de operaciones de delincuentes, narcotraficantes, terroristas, mercenarios y oportunistas políticos de todas partes.

Como no sucedió, sino durante y después de la Segunda Guerra Mundial, empiezan a llegar "refugiados".

Bolivia, debido a su envidiable estabilidad y madurez política, por ser un país donde se cumple estrictamente con la ley y sus ciudadanos se sienten protegidos por el Estado.

Por ofrecer un futuro promisorio, con la comprobada seguridad que brinda a las inversiones, es sin duda el lugar al que todos desean emigrar, por eso hay colas en los aeropuertos para llegar al país controlado por el castro-chavismo y su servil peón, Evo Morales.

En 2007, de acuerdo con ACNUR —la Agencia de la ONU para los Refugiados— se tenía un registro de pedido de asilo político para más de 550 personas de 11 países.

Dejando de lado los países árabes y africanos, los solicitantes provenían de Cuba, Colombia, Perú, Rusia e Irak y eran considerados "perseguidos políticos".

Los cubanos pedían refugio en el país del aliado incondicional del tirano del que escapaban. Muy convincente…

Ni en Colombia o Perú había persecución política, de manera que los que llegaban a Bolivia eran guerrilleros de las FARC y los resabios de Sendero Luminoso.

En Rusia los disidentes son demócratas anti totalitaristas y pueden oponerse al gobierno con cautela desde adentro. (No hay más Gulags).

En Irak existen muchos que buscan lugares menos conflictivos, pero Bolivia no es La Meca.

Los iraquíes, libaneses, sirios, chiitas, están viniendo a sentar presencia en el subcontinente, islamizar a su ignorante población y actuar paramilitarmente.

ACNUR no mencionó la masiva presencia venezolana en Bolivia, de los seguidores del gorila de boina roja. Esos son socios accionistas del régimen socialista, agentes declarados del imperialismo bananero que no necesitaban pedir refugio; Bolivia es su hacienda.

En un intercambio cultural, la Fuerza Contra Terrorista Conjunta de Bolivia (FCTC) envió a sus mercenarios a recibir entrenamiento en Venezuela.

Ese grupo también estaba siendo capacitado para brindar seguridad personal al presidente Morales.

Según el Comandante en Jefe de las Fuerzas Armadas Bolivianas, de entonces, Wilfredo Vargas, no sólo los entrenaban en Venezuela, a veces también eran adiestrados en Argentina y Colombia, cuando había cursos especiales en esos países.

Sin embargo, el ex comandante del Ejército, Marcelo Antezana, aseveró que el gobierno ordenó la disolución de la FCTC y contrató a 167 paramilitares que fueron entrenados en la Escuela de Cóndores del Regimiento Ingavi en la Ciudad de El Alto, colindante con La Paz.

No eran oficiales del ejército y fueron becados a Venezuela para continuar su discreta instrucción.

La escoria del mundo llegó a Bolivia para tomar control total del país, al que ya tienen sometido, gracias al presidente vende-patria.

La confrontación con la sociedad civil, se asoma, ya que Evo no tiene ninguna intención de dejar el poder.

¡Por qué no te callas!

Entre los momentos memorables del año 2007, uno de los episodios más sonados en el ámbito internacional aconteció cuando el Rey Juan Carlos de España, hartado de Hugo Chávez que no paraba de hablar inmiscuyéndose en las exposiciones de los participantes a la XVII Cumbre Iberoamericana en Santiago de Chile, le reprendió molesto y en tono elevado diciéndole: ¡Por qué no te callas!

Un rey haciendo callar a un presidente fue un incidente diplomático de primer orden. El mundo entero celebró el momento.

La frase se hizo popular en todos los niveles. Hasta la usaban como tono del teléfono en vez del tradicional ring.

José Luis Rodríguez Zapatero, el presidente de España estaba con el uso de la palabra, pero Hugo Chávez no paraba de hablar por encima expresando duras descalificaciones al ex presidente José María Aznar.

Zapatero salió en defensa de Aznar y exigió a Chávez respeto. El dirigente venezolano, lejos de intimidarse, siguió berreando por encima del presidente español. Y fue entonces cuando Juan Carlos le soltó el ¡Por qué no te callas!

El video cundió en internet, las bromas corrían por el mundo y las relaciones entre España y Venezuela se deterioraron.

Chávez amenazó con tomar medidas contra las empresas españolas en Venezuela al más característico estilo bananero.

Finalmente, la crisis se resolvió durante una visita oficial de Chávez a España en 2008.

El Rey Juan Carlos lo recibió y le regaló una camiseta con el célebre ¡Por qué no te callas! impreso en el frente.

Poco después, el mandatario sudamericano mostró, con buen humor, la prenda en Venezuela.

La animadversión entre España y Venezuela venía de antes, cuando José María Aznar aún era presidente, previo a Rodríguez Zapatero.

En 2002 surgió un intento de golpe contra Chávez y, España junto con Estados Unidos, reconocieron inmediatamente a los insurrectos.

El golpe no tuvo éxito y las relaciones entre el venezolano y los otros se tornaron tensas.

Cuando cambió el gobierno en España y asumió el socialista Zapatero, la amistad de éste con Chávez se fortaleció. Incluso, el español le ofreció venderle armas.

Los miembros del Partido Socialista Obrero Español jugaron un papel abierto y decisivo en la victoria de Evo Morales en las elecciones bolivianas.

Chávez se sentía invencible. Sobredimensionó su ego a alturas vertiginosas. Insultaba a quien le daba la gana.

Al presidente colombiano Álvaro Uribe lo tildó de "mentiroso", "cobarde", "criminal". A Alan García del Perú le dijo "tahúr", "ladrón", "canalla". A George W. Bush lo comparaba con "el demonio".

Entre risas y amenazas, Chávez se iba convirtiendo en el peligro más grande para América Latina. El único fiel seguidor post mortem que le queda, además de Maduro, es Evo Morales.

La venganza de Chávez

Su Excelencia, Don Evo Morales Ayma, no dejó pasar muchas horas para plegarse a la vendetta contra España que venía maquinando el insoportable tirano venezolano, después de salir con el rabo entre las piernas, ante el ¡Por qué no te callas! del Rey Juan Carlos.

El esclavo indígena de Chávez se sumó a la ofensa y acusó al Partido Popular de estar confabulando para derribarlo.

Su Ministro de Imbecilidades, Juan Ramón Quintana, que oficialmente ejercía como ministro de la Presidencia (y no tiene nada de tonto, pero juega el juego) dijo: "Hay evidencias. Los próximos días vamos a denunciar todo lo que es el complot internacional contra el Gobierno. El Partido Popular del ex presidente Aznar de España está financiando a los departamentos (provincias) que han ganado con el "sí" en el referéndum autonómico". (La mayoría boliviana apoya la autonomía política-administrativa a la que se opone el gobierno centralista).

La trillada copla de levantar acusaciones sin fundamentos se volvió a escuchar y nuevamente decían contar con pruebas.

Lo mismo alegaban sobre una supuesta conspiración de los norteamericanos para derrocar al Inca y la prensa sigue esperando por las evidencias.

Entonces eran Estados Unidos y España las potencias interesadas en el desplome de Chávez. Hoy se asume que solamente son los norteamericanos; "el imperio"; quienes quieren derrocarlo.

El presidente boliviano —aspirante a futbolista profesional, que dejó la cumbre de presidentes en Chile para irse a jugar un partido—fabricaba periódicamente infantiles cuentos de fantasmas procurando romper definitivamente con los Estados Unidos, acusándole de cuanta bobada se le ocurría y, se le ocurren muchas.

En Santiago blandió una fotografía del embajador norteamericano en Bolivia, en la que aparecía con un desconocido colombiano que se le acercó en una feria popular para lucirse junto al diplomático.

Según el mandatario-mediocampista, el sujeto era un narcotraficante, guerrillero y mercenario, vinculado al embajador, pero con esos atributos lo más probable es que llegó a suelo boliviano a juntarse con muchos de sus colegas de oficio, que encontraron un puerto seguro donde desarrollar sus actividades con la aprobación del régimen cocalero. De lo contrario ¿Por qué no lo detuvieron los agentes de inmigración cuando ingresó al país, si sabían quién era?

A tiempo de revelar los vínculos conspirativos del Partido Popular con la mitad de la población boliviana, que se opone al régimen socialista, Morales podría mostrarse equitativo y dar a luz los nombres de los consejeros del PSOE que viajaron a La Paz para ayudarle en su campaña electoral.

Esos aparecieron por televisión y el presidente les agradeció públicamente por su dedicada cooperación. ¿Fue el gobierno español, o sea, los tributantes, quienes pagaron sus pasajes, estadía y actividades?

Justamente por su ayuda a los totalitaristas latinoamericanos, alguien que debió ser interpelado por el Parlamento Español era Rodríguez Zapatero, que estuvo aplaudiendo a sus pares socialistas con cada medida extremista que estos tomaron, dándoles alas para que trasplanten la diplomacia, del salón a la selva.

Si el Rey Juan Carlos no hubiese estado presente en Santiago, Zapatero no se hubiese molestado en amonestar al bolivariano.

La venganza de Chávez iba a caer sobre las compañías españolas en Venezuela, pero Zapatero retomó su romance con el caribeño y les garantizó a sus compatriotas inversionistas, continuidad en sus negocios y buenas relaciones con los rojos.

En Bolivia, las empresas peninsulares fueron de las primeras en vender sus acciones y abandonar el país, presagiando las expropiaciones y arbitrariedades que vendrían con Morales mientras se graduaba de bravucón internacional.

En Caracas la situación era más compleja porque la presencia económica europea era más fuerte.

Todos sabían, después de nueve años de "Aló Presidente" (el programa radial-televisivo de Chávez) qué clase de individuo se escondía debajo de la boina roja.

Si la codicia llevó a las multinacionales a quedarse en la jaula de los leones, pues, ni modo, tuvieron que pagar las consecuencias. Los populistas nunca sobresalieron por ser fiables.

Europa debería ser más cautelosa cuando alienta en sus foros a fanáticos izquierdistas y comercia con ellos.

En vez de elaborar proyectos financieros y hacer gráficos de potenciales ganancias, sus políticos y economistas deberían leer libros de historia.

Prioridad número uno: El fútbol

Hay dos cosas que se saben con certeza acerca del pasado de Evo Morales.

Una es que tocaba la trompeta en una banda carnavalera y la otra, que jugaba al fútbol con sus amigos.

Todo lo demás que se dice de su persona para enaltecerlo, es puro cuento.

El fútbol es tan importante para el presidente boliviano, que notablemente perturbado, convocó a su gabinete a una reunión de emergencia para discutir la decisión de la FIFA que prohibía los partidos por encima de una altura de 2.500 metros sobre el nivel del mar, por ser nocivos para la salud de los jugadores.

La Paz se encuentra a 3.600 metros s.n.m., y obviamente su estadio entra dentro de la lista de los vedados por la federación de fútbol.

A esa altura, el clima no sólo es perjudicial para los jugadores, sino también para los espectadores.

Hacer cualquier cosa a casi 4.000 metros sobre el nivel del mar es insano e inhumano, pero como en Bolivia existe la arraigada tradición de complicar todo de la peor (o mejor) manera posible, se eligió a La Paz como centro político y administrativo de la nación, pese a que dos terceras partes del país brindan amplios valles y llanuras para gozar de una vida con aire.

La disposición que impide que los mediocres jueguen con ventaja climática, alborotó al régimen socialista-indigenista-plurinacional-bolivariano, que apresuradamente envió una comisión a Zúrich para tratar tan importante asunto.

Ni siquiera se les ocurrió pedir una cita con los directores de la FIFA; se largaron a Europa en el más autóctono estilo campechano, directamente a tocar el timbre.

Según, Juan Ramón Quintana, quien lideró la delegación: "Irán a golpear las puertas de la FIFA a cualquier hora y bajo cualquier circunstancia para que entiendan que Bolivia no aceptará esa medida".

¡El mundo del deporte tiembla ante la amenaza! ¿Qué harán los futbolistas bolivianos? ¿Huelga de piernas cruzadas para no mostrar su envidiable arte y destreza en el juego que les ha valido tantísimos galardones internacionales?

¿Prohibirán que sus cotizadísimos jugadores se exporten? ¿Cerrarán las puertas de los estadios para que el mundo deje de ver los fabulosos espectáculos que brindan los equipos vernáculos?

Por fin la estupidez de los gobernantes fue apreciada en su verdadera dimensión por aquellos que no advertían con nitidez la realidad boliviana.

Las carcajadas estaban en boca de todos, pero no llegaron a oídos del presidente y su gabinete. Ellos viven en un hemisferio aparte, que no tiene conexión alguna con el resto de la humanidad pensante.

Los deportistas de verdad no tienen que aprovecharse de una condición geográfica para ganar a sus rivales.

El que es bueno, es bueno en cualquier lugar y se mide con los demás compitiendo en condiciones normales, no forzando a sus contendientes a correr con el tubo de oxígeno bajo el brazo.

Hubo equipos bolivianos que demostraron su maestría en todas las canchas, sin necesidad de recurrir a artimañas. Lo interesante del fútbol boliviano es que su éxito fluctúa de acuerdo con las condiciones generales del país.

Cuando las cosas marchan bien, hay seguridad, prosperidad, la gente está feliz y brilla el orgullo nacional, ganan partidos.

Cuando las condiciones son las opuestas, son derrotados, así estén jugando en la punta de las montañas, con los cóndores de árbitros.

Morales debería preguntarse ¿Por qué los equipos bolivianos pierden por goleada desde que él asumió el poder?

El presidente Morales es un individuo que carece de vergüenza, por eso se paseó representando a Bolivia, por lujosos palacios vistiendo un sweater.

Se mostró amenazante contra el periodista Jorge Ramos en su primera entrevista televisiva continental.

Pronuncia entrecortados discursos que se limitan a la repetición de 20 frases prefabricadas que ni siquiera sabe lo que significan.

Hace temerarias advertencias a naciones, que de un soplido le pueden hacer volar de su diminuto pedestal.

Pese a haber viajado por más lugares que la mayoría de los comunes y haberse codeado con líderes de gruesa talla, no absorbe nada constructivo de la realidad circundante.

Es que los ojos ven, sólo aquello que la mente es capaz de comprender.

Coca-Cola y Coca-Ina

Evo Morales viajó a Nueva York en 2007 para participar en la Asamblea General de las Naciones Unidas, pero antes hizo escala por varias horas en Venezuela para recibir asesoramiento de sus mentores, quienes como de costumbre, le enseñaron las frases que debía repetir sin dejarse llevar por sus comunes arrebatos.

La última vez que estuvo en el hemiciclo, extrajo una hoja de coca y dijo que no podía ser que la coca sea legal para elaborar Coca-Cola e ilegal para cualquier otra cosa.

Sin duda, tiene razón. La pregunta que sigue es: Aparte de fármacos ¿qué otra cosa se elabora con la coca sino cocaína?

Si alguien propusiera la fabricación de cualquier producto que sea rentable y de consumo masivo, quitando el alcaloide de la hoja como hace la Coca-Cola, sería de interés para todos.

La Coca-Cola original se elaboraba con el opiáceo prohibido (en esa época no lo era) y fue creada con la intención de matar la resaca después de una borrachera.

Lamentablemente para su inventor, los resultados no produjeron el efecto esperado. El creativo químico se quedó con sus dolores de cabeza y vendió la fórmula.

En su segunda visita a Estados Unidos, Morales se reunió nuevamente con su protector pro socialista norteamericano, Jimmy Carter, quien invitó a Bill Clinton para unirse a las profundas conversaciones.

¿Cuáles fueron las recomendaciones o preguntas del manisero Carter para su colega agricultor? Son un misterio, la diferencia intelectual entre ambos no es muy grande.

El ex presidente norteamericano, seguramente se ofreció para supervisar las próximas elecciones bolivianas y asegurarle continuidad en el poder, como hizo con Hugo Chávez.

También debe haberle dado su apoyo para promocionarlo al Nobel de la Paz.

En la ONU, refiriéndose al cambio climático, Morales expresó: "Abandonen el lujo, abandonen el exceso del consumo; no sólo piensen en el dinero, piensen en la vida, en el futuro de la humanidad".

Emotivas palabras del campesino que se compró un jet, se construyó un palacio-búnker, se hace anudar los cordones de los zapatos por sus guardaespaldas, usa trajes a medida que cuestan miles de dólares y gasta decenas de millones de dólares manteniendo un estilo de vida que sólo los socialistas pueden darse.

En una carta dirigida a los miembros de las Naciones Unidas, Morales recalcó que: "El mundo tiene fiebre por el cambio climático y la enfermedad se llama modelo de desarrollo capitalista".

Probablemente, con el modelo indigenista, que no desarrolló nada, el mundo estaría mejor.

El presidente fue invitado por The Cooper Union, un pequeño pero prestigioso instituto de enseñanza de artes y ciencias, para hacer una exposición donde escupió sus mentiras.

Dijo que "su motivación para dedicarse a la política vino después de ser testigo de la quema de campesinos por el gobierno".

Es curioso que jamás ningún otro individuo haya presenciado ni denunciado esos hechos.

Los únicos quemados vivos, filmados y televisados, fueron víctimas de indígenas altiplánicos del MAS, llevando a la práctica su denominada "justicia comunitaria" de la que Morales es el promotor.

En esa época de gloria, Morales participó en el programa televisivo The Daily Show de John Stewart, un programa satírico de alta audiencia en USA, donde obviamente no captó la sorna en las preguntas y contestó con circunspección de acuerdo con el libreto aprendido. ¿Qué se podía esperar? El único humor que Morales entiende es el de Los Tres Chiflados.

La culminación de su itinerario fue el discurso en la Asamblea de la ONU, donde manifestó que en Bolivia ya no hay la misma corrupción de antes. Será porque no contabilizaron el dinero para los sobornos que llega desde Venezuela —el país más corrupto de Sudamérica— del que Morales es su beneficiario.

Según Transparencia Internacional, Bolivia figuraba en el puesto 105 entre 179 naciones. Venezuela estaba en el 162.

El presidente se quejó de que los aduaneros y oficiales de seguridad revisaron a su delegación y su equipaje.

¿Qué esperaba? La última vez que ingresó a Estados Unidos llevó coca, su canciller podría estar introduciendo Ántrax.

Lo único rescatable de su disertación fue su sugerencia de que la ONU se mude a otro país.

En realidad, la ONU debería disolverse por completo y podrían formarse dos organizaciones internacionales: Una que defienda la democracia y la libertad, con sede en New York y otra que aglutine a las dictaduras, que puede establecerse en Teherán.

Por un momento Morales se salió del guion y tuvo una idea propia, dijo: "Hay que hablar la verdad con sinceridad".

Los filósofos del mundo siguen meditando sobre el singular aforismo.

¿Cuándo se permite un golpe de Estado?

En 193 años, desde su independencia, Bolivia ha sufrido más de 200 golpes y contragolpes que llevaron a esporádicos dictadores al poder.

Ningún país tiene tanta experiencia en provocar el desmadre.

Bolivia puede estar al final de la lista en la mayoría de los récords internacionales, pero en golpes de Estado es de lejos Number One.

Personalmente participé en el levantamiento contra el dictador Luis García Meza, cuya caída dio ingreso a la democracia que se instaló pacíficamente en el país hasta la llegada de Morales.

El derrocamiento de García Meza es motivo de orgullo y satisfacción para todos los que nos involucramos en el proceso, porque sin disparar una sola bala, acabamos con un dictador grotescamente despótico, narcotraficante y asesino.

Fuimos políticos derechistas, que tuvimos que convencer a militares también derechistas, de que había que deponer a un gobierno de derechas. Para muchos era un incomprensible acertijo.

García Meza y su Ministro de Gobierno guardaron prisión desde su caída, porque en su afiebrada fascinación por la adulación, se creyeron más grandes y fuertes de lo que realmente eran.

En forma semejante a todos los que usufructuaron del gobierno, se sentían imbatibles, dueños absolutos de Bolivia. El triunfal alzamiento que demoró casi un año en gestarse, fue el último del

Siglo XX. Las nuevas generaciones bolivianas no conocen ni entienden de ese tipo de preparativos, obedecen al régimen, silenciosos y desorientados, marchando cual rebaño al matadero.

Evo Morales, igual que su mentor: Hugo Chávez, es golpista, derrocó a tres presidentes para llegar al poder. En vez de armas y soldados, utilizó dinero y no embistió contra dictadores, sino contra gobernantes democráticos.

Ese es el punto clave en la ejecución de un golpe de Estado.

¿Se derriba un gobierno para acceder a la libertad y la democracia o se lo hace para imponer una tiranía?

En el primer caso, la acción es permitida, en el segundo no.

Evo Morales no es un gobernante democrático, es un tirano socialista igual que Maduro. Pelear contra él es lo decente y correcto.

¿Quién será el próximo?

El mayor obstáculo para maquinar un movimiento insurreccional en Bolivia, no era la fuerza reaccionaria del gobierno, la falta de fondos o de motivación. El principal escollo siempre fue: ¿Quién iba a ser el próximo presidente?

La angurria de poder, que hace que cualquiera se considere capaz de manejar el país, promovía una guerra interna entre los insurgentes que desintegró incontables movimientos.

Algunos válidos y justificados contra gobiernos despóticos, otros, fueron lo contrario, alzamientos para imponer dictaduras.

Después de la muerte del Che Guevara, se formó un nuevo grupo guerrillero comunista que fracasó en Teoponte, una zona selvática a 300 kilómetros de La Paz.

Sus participantes se peleaban entre ellos por definir quién iba a ser el próximo mandamás. Como entre los socialistas no hay elecciones democráticas, el futuro presidente iba a serlo de por vida. Por un lado, estaban los que apoyaban al líder intelectual y estratega universitario, José Gamarra, y por otro los que apuntalaban al jefe del Partido Comunista, Mario Monje. Ambos fueron asesinados y hasta hoy en día no se sabe a ciencia cierta si fue el gobierno o sus propios camaradas quienes los victimaron.

Personalmente, viví de cerca esos aprestos, pues inocentemente conocí a varios de los guerrilleros y descubrí dónde escondían sus armas. Yo tenía 14 años.

Cuando los sediciosos se dieron cuenta de que sabía más de lo que debía, me acompañaron hasta la puerta de mi casa y me dijeron:

"Si dices una sola palabra, matamos a tu familia".

Yo respondí que estaba con la revolución, que cuenten conmigo. Semanas después me fui de Bolivia y me quedé en la Argentina donde terminé la secundaria.

Durante 50 años me abstuve de contar esta historia, pues los guerrilleros de entonces no dejaron de ser peligrosos asesinos. Trabajaban en equipo a nivel continental con Los Montoneros, Los Tupamaros, las FARC, el ELN y todos los demás "revolucionarios".

Algunos, llegaron al poder en sus respectivos países (Kirchner, Rousseff, Mujica).

La situación de Bolivia sigue siendo dudosa. Los bolivarianos accedieron al poder por el voto, aunque sobran interrogantes acerca del manejo del escrutinio que los elevó al cargo.

El sistema electoral ya se pudrió y los gobernantes están manipulándolo para sentar sus gloriosos traseros en el trono por largas generaciones.

Todos los poderes del estado están bajo control del tirano Morales.

Cuando la democracia se convierte en dictadura, los gobernantes automáticamente pierden su autoridad moral y la legitimidad para gobernar. Simultáneamente, el pueblo adquiere el derecho a rebelarse contra sus opresores.

Cubanos, venezolanos e iraníes, en la boca del lobo

Los bolivianos empiezan a hastiarse de las dulces bondades del Socialismo del Siglo XXI, que no es nada más que el último intento histórico de resucitar el cadáver del Comunismo del Siglo XX.

Latinoamérica era el único lugar del mundo, donde sus eruditos políticos seguían cuestionando el modelo a elegir y adoptaron ideas nada menos que de los individuos más retrógrados y desubicados del orbe. Hoy, lo mismo está sucediendo en el seno del Partido Demócrata de Estados Unidos.

Aprovechando de esa enfermedad, los reaccionarios dictadores socialistas caribeños junto a Hezbollah, tratan de imponer sus fórmulas destructivas para apoderarse de Bolivia.

Sin embargo, olvidaron un aspecto esencial para el éxito de su conquista; el espíritu libertario de los bolivianos. Evo Morales con su venenoso odio hacia las clases medias, está aglutinando contra sí a los bolivianos productivos, estimulando una fuerte alianza antagónica a su gobierno y los socialistas.

Los cubanos, venezolanos y chiitas, tal como el Che Guevara, a quien los campesinos delataron para que lo atraparan, desconocen la idiosincrasia del pueblo boliviano.

Pocos vislumbran lo que les espera a los aliados del tirano, que trajinan por el lugar. Cuando la insurgencia explote, van a faltar caminos para que los invasores puedan huir.

Los bolivianos pelearán por recuperar su potestad. Son millones que no van a someterse a ningún pretensioso dictadorcillo.

Si en algo Bolivia tiene más práctica que cualquiera, es en deshacerse de sus opresores. Confiamos en que así será. Por lo menos es la tradición.

El Demente Coronel fue apabullado

Siguiendo al triunfo electoral de Morales, en un viaje del Demente Coronel venezolano a la región de Chapare, los hasta entonces fieles seguidores del presidente boliviano fueron desplazados por cientos de mercenarios venezolanos uniformados que arribaron con su jefe.

El rechazo a la numerosa presencia de boinas rojas le costó buena parte del voto popular al partido gobernante (MAS) en un referéndum para formar la Asamblea Constituyente, donde el dictador pensaba imponerse fácilmente. Más tarde, con dinero y sin Chávez, lo lograría.

La traición a la patria es un pecado imperdonable y Morales ha mentido y traicionado a todos, pero especialmente a los que lo votaron, regalándole el país al Castro-Chavismo y Hezbollah.

Como nunca antes, Bolivia tiene enemigos extranjeros incrustados en su corazón.

Los bolivianos jugaron ejemplarmente a la paz, la estabilidad y la democracia, hasta que apareció Morales.

En ese lapso de absoluta libertad democrática, con las instituciones y leyes republicanas imperando, lograron superarse como individuos y como nación, más que muchos pueblos del tercer mundo.

Morales, trata de controlar con mayor firmeza el estratégico territorio. Habla de una fantasiosa incursión militar norteamericana que él está dispuesto a repeler y continúa importando armamento.

La confrontación violenta se acerca, pero no será con los Estados Unidos, por lo menos inicialmente, que tiene asuntos más importantes que atender, sino con los mismos bolivianos.

Y no quedará un solo venezolano ni cubano a salvo. Ya le ocurrió al aplaudido Che y sus camaradas, pero los enceguecidos socialistas no aprenden.

La catástrofe de 2008
Era 2008 y faltaban pocos días para decidir cuál sería el futuro de Bolivia, como diría Forrest Gump: de nuevo...

Es que Bolivia vivió permanentemente sobre la cuerda floja y en sus malabarismos políticos pueden darse las piruetas más inusuales y novedosas.

Con el advenimiento de la democracia populista cualquier decisión se somete al voto popular. El sistema plebiscitario tiene su aspecto positivo y negativo. Por un lado, abre al pueblo una puerta de participación directa en los asuntos del estado, pero por otro, da lugar a que las autoridades violen la constitución política.

El 10 de agosto de 2008, Bolivia se sometió a un Referendo Nacional para confirmar o revocar el mandato del presidente Evo Morales y su gobierno. ¡No un asunto pequeño!

Si Evo perdía tenía que irse y con él se iban el Comunismo del Siglo XXI, Hugo Chávez, El Dúo Los Castro y Ahmadinejad.

Se llevarían consigo a los venezolanos, cubanos, musulmanes radicales, terroristas, guerrilleros, narcotraficantes, agentes encubiertos y el resto de la troupe que acompaña, protege, asesora, educa y le cambia los pañales a Evo Morales.

¿Podría haber sucedido semejante milagro? Las probabilidades eran tan grandes como que Osama Bin Laden se volviera cristiano.

Si Evo ganaba –hecho que era inevitable— impondría su constitución socialista y se quedaría cinco años más con poderes ilimitados. La trampa fue tendida por el gobierno y tuvo la aceptación del partido "de oposición" PODEMOS, que prefirió quedarse en el Legislativo antes que en la calle.

El jefe de PODEMOS, Jorge "Tuto" Quiroga, criticaba mucho a Chávez y su injerencia en Latinoamérica, pero rara vez se le escuchaba reprochar a Morales.

Las encuestas

Según sondeos de la empresa Ipsos Apoyo Opinión y Mercado, Morales contaba a junio con 57 por ciento de aprobación y a julio con 59 por ciento.

De acuerdo con Encuestas & Estudios del grupo Gallup International, el apoyo a Morales en julio, fue de 4,31 en una escala de 1 a 7.

Según esos datos, el oficialismo estaba mejor posicionado que en enero de 2006 cuando Evo asumió el mando.

Si los departamentos (provincias) contrarios a Morales no se presentaban al referendo o lo invalidaban, el presidente hubiese acudido al respaldo legal que ratificaba su mandato.

Si el pueblo acudía a la votación perderían los adversarios al régimen.

En Santa Cruz, era el único lugar donde la oposición tenía posibilidades de ganar.

Con la victoria, Morales se adueñaría completamente de Bolivia, colocando prefectos (gobernadores) a dedo, en todos los departamentos que le dieran su apoyo.

Evo Morales no era bien recibido en los departamentos autonomistas del oriente boliviano.

Había perdido dominio sobre la mitad del país, cada día trastabillaba más, aunque seguía vomitando sus delirios totalitarios.

Su último acto de despotismo fue ordenar que se desconozca al Tribunal Constitucional que cuestionó el Referendo Revocatorio por ilegal e instó a no acatar las regulaciones de los órganos "neoliberales" del estado, en cínico desafío a la institucionalidad democrática. En otro desplante, característico del dictadorcillo bananero, expresó: "Cuando algún jurista me dice: Evo, te estás equivocando jurídicamente, eso que estás haciendo es ilegal. Bueno, yo le meto por más que sea ilegal. Después les digo a los abogados: Si es ilegal, legalicen ustedes ¿para qué han estudiado?"

La solución juiciosa en vez del descalabrado referendo, era convocar a elecciones generales en 2009, garantizando la seguridad de todos los bolivianos, incluyendo la de los que dejaron el país por temor a represalias del gobierno.

Eso hubiese permitido el retorno del exilio al ex ministro de defensa Carlos Sánchez Berzaín, a quien el régimen socialista teme y acosa, porque tiene la experiencia y el coraje para aglutinar y unificar a la frustrada oposición.

Bolivia autonomizándose y atomizándose

El resultado de la consulta autonómica en 2008, de los departamentos amazónicos de Beni y Pando, que junto con Santa Cruz componen el oriente boliviano, dieron la respuesta anunciada en los sondeos, excediendo el porcentaje previamente estimado. En Beni y Pando más del 80 por ciento de la población votó por el fin a la dependencia de la centralista, burocrática y gélida La Paz.

Las cifras no podían ser más determinantes. Nadie podía cuestionar ni torcer el rumbo que querían tomar los pueblos orientales, que difería totalmente del planificado por Evo Morales y su Bolivia indígena e indigente.

Los tres departamentos contiguos, que limitan con Perú, Brasil y Paraguay, cubren una superficie aproximada de 650 mil kilómetros cuadrados, equivalente al tamaño de Francia.

Se esperaba por lo menos que un departamento más; Tarija, votara a favor de su autonomía política-administrativa. Pero, aunque no lo hiciera, los tres mencionados ya tenían la fuerza suficiente para decidir por su futuro.

Con el voto tarijeño no había que depender de las arbitrariedades, incoherencias y desatinos que caracterizaron a los collas y sus gobiernos por casi 200 años, en que mantuvieron olvidadas a esas poblaciones, hasta que vieron que podían sacarles dinero sin darles nada a cambio.

Las autonomías eran un grito de liberación semejante al de las repúblicas que lograron su independencia de las autoridades coloniales.

Si Morales no aceptaba las nuevas condiciones políticas, podía desatarse una guerra civil. Ese era el panorama.

El presidente llorón

Como temeroso niño bravucón, que busca a su papá para que se enfrente con sus amiguitos a quienes previamente estuvo provocando e intimidando; el presidente Evo Morales fue corriendo a reunirse con sus patoteros compañeros de la ALBA, a pedirles que se pronuncien contra el Referéndum Autonómico que se avecinaba en Bolivia.

Para un individuo sin dignidad, ni capacidad, como es el mandatario, la intrusión extranjera es a lo único que sabe jugar cuando le conviene.

Hasta pidió al embajador estadounidense que se manifieste sobre el tema, tratando de involucrarlo en el asunto interno, para justificar cualquier maniobra.

El mediocre, creía que los norteamericanos eran tan necios como él, y caerían en la trampa de darle argumentos para que comience la represión y pusiese freno al deseo popular.

Si el embajador decía que estaba de acuerdo con el referéndum, el gobierno boliviano diría que Estados Unidos estaba provocando la división del país.

Si decía que no estaba de acuerdo, diría que hasta los Estados Unidos se opone y es ilegal.

El razonamiento del caricaturesco gobernante era tan majaderamente infantil, que como todo lo que dice y hace, causaba vergüenza ajena.

Evo en pánico

En los pocos días que faltaban para llegar al 4 de mayo de 2008 —día establecido para la consulta democrática— Morales utilizaría todas las artimañas posibles para neutralizar el voto que pondría fin a su inoperancia y despotismo.

El pedante dirigente cocalero logró enemistarse con prácticamente todos los sectores que componían el espectro social boliviano y los únicos que lo apoyaban eran sus congéneres y mantenidos.

Los aimaras, eran en ese momento su principal herramienta de cohesión contra el resto de la población. Hoy, ni los aimaras lo apoyan.

No existe ningún país con menor tolerancia política que Bolivia, donde el promedio de duración de un gobierno es de dos años.

Morales era entonces el presidente número 84 en 183 años de vida independiente.

En comparación; Estados Unidos tenía 232 años y Bush era el presidente número 43.

El último cuarto de siglo fue la excepción democrática y pudo haber llegado a su fin, debido a las desquiciadas, demagógicas y fundamentalmente, estúpidas medidas tomadas por el presidente socialista.

Las maquinaciones de Morales ya no eran novedosas. Pero lo que venía podía ser totalmente inusitado para Latinoamérica.

En Venezuela había un loco suelto, belicoso, armado, con poder y dinero y, su principal protegido, estaba a punto de ser vapuleado democráticamente, tal como le sucedió a él en su último referéndum, pero con la gran diferencia, de que lo que pasó en Venezuela sólo tuvo leves consecuencias políticas.

Las autonomías de las regiones orientales bolivianas, eran de carácter económico.

El oriente boliviano es generador de la mayor parte de los ingresos que recibe el país y está cansado de que esos dineros vayan a parar a los bolsillos de los inútiles, cleptócratas de occidente.

Evo no quería quedarse sin el biberón y Chávez no quería un aliado cada día más pobre.

Mantener a Cuba ya le costaba demasiado.

Si el venezolano intentaba inmiscuirse en el aprieto, Brasil podría reaccionar, porque Sao Paulo dependía del gas boliviano que se encuentra en la región oriental.

Para Brasil es más fácil, coherente, conveniente y confiable, negociar con los orientales que con Morales.

Si el referéndum autonómico derivaba en situaciones de violencia, la Argentina, aliada de Chávez y Morales, previno durante el gobierno de Kirchner, que "no se quedaría de brazos cruzados", como si fuera de su incumbencia.

Considerando la cantidad de dinero que los Kirchner recibieron del magnate venezolano, parece que sí, era.

Bolivia podía convertirse en un campo de batalla entre bolivianos, venezolanos, cubanos, argentinos y brasileros.

La OEA estaba comprada por Chávez, y el único que podría resolver el conflicto hubiese sido Estados Unidos, pero después de que corriese sangre.

En otro escenario, el voto autonómico podía llevar a la federalización de facto de Bolivia, que le impediría a Morales gobernar centralistamente.

Ante una poderosa mayoría opositora, su mejor opción era renunciar, como hicieron los tres presidentes que le precedieron, pero Morales anunció, que prefería la muerte antes que dejar el poder.

Desafortunadamente, no le concedieron su luctuoso deseo.

5.000 millones en armas

Chávez compró 5.000 millones de dólares en armas; la cifra más elevada gastada por un ejército latinoamericano.

Controlaba a cinco naciones: Nicaragua, Ecuador, Bolivia, Cuba y Venezuela.

Tenía fuerte influencia sobre Argentina. Sostenía a grupos subversivos en Colombia y Perú.

Estaba aliado con Irán, Hamás y Hezbollah; no iba a dejarse sobrepasar por la democracia, dejando frustradas sus aspiraciones a dictador continental.

La batalla parecía que comenzaba.

La incongruente actitud de la oposición boliviana, que aceptó promulgar a un referendo nacional convocado por el ejecutivo, para revocar el mandato de Morales en agosto de 2008, detonaría los enfrentamientos.

El gobierno indigenista tenía preparado el fraude electoral, de lo contrario no hubiese propuesto el citado "Referendo Revocatorio".

Para legitimar el chantaje, Evo Morales contaba con el apoyo del ex presidente norteamericano Jimmy Carter.

Los comunistas argentinos a la cabeza del Nobel de la Paz, Adolfo Pérez Esquivel. El gobierno Kirchner. La Nobel de la Paz guatemalteca Rigoberta "Mentirosa" Menchú.

José Miguel Insulza, el izquierdista Secretario General de la OEA, Dante Caputo, ex Ministro de Relaciones Exteriores de Argentina durante el gobierno de Raúl Alfonsín y representante argentino ante la OEA. Un socialista disfrazado de "moderado", como todos los militantes del Partido Radical.

Había, obviamente, otros asambleístas, que descaradamente también obedecían a Chávez.

La inexperta oposición boliviana que pisó la trampa montada por el gobierno o según otros, tranzó con él, confirma que no estuvo, ni está preparada para dedicarse a la política.

Que Morales, con su insuperable incapacidad, haya llegado a presidente de Bolivia con mayoría absoluta, demostró que sus opositores no eran más duchos que él y que generaban fuerte antipatía en los votantes.

Tres años más tarde, no aprendieron nada, sus acciones sólo ratificaron su impericia e impopularidad.

El innoble referendo revocatorio fue hecho a medida del presidente, para que no pueda ser destituido a menos que sea con el mismo o mayor número de votos que con los que fue elegido.

A medida que Evo se volvía más fuerte, los bolivianos fueron vendiéndose al dictador.

El dinero empezó a florecer en los bolsillos de los oportunistas, que automáticamente dejaron de ser parte de la oposición.

¿Estados Unidos espiando o ayudando?

En 1960, el entonces Senador John F. Kennedy, retó a los estudiantes de la Universidad de Michigan a que sirvieran a su país como agentes de cambio por la causa de la paz, trabajando en naciones subdesarrolladas.

De ahí surgió la Agencia Federal para la Paz y la Amistad, conocida como "Cuerpo de Paz".

Desde aquel tiempo, más de 187.000 voluntarios fueron invitados por 139 países para cooperar en temas que hoy abarcan desde la educación sobre el SIDA, a la tecnología de información y la preservación ambiental.

Desde sus comienzos, muchos de esos jóvenes no sólo hicieron filantropía, sino que se involucraron en actividades políticas que influyeron negativamente en sus países anfitriones.

Por lo general los voluntarios "pacifistas" son demócratas de la línea progre. La izquierda del ala más radical del espectro ideológico norteamericano.

En mayo de 2009, un voluntario, John Alexander van Schaick, denunció a The Associated Press, que un funcionario de la embajada de Estados Unidos en Bolivia le dijo que notificara si durante su trabajo en el campo veía cubanos o venezolanos.

El chaval que todavía no había aprendido a distinguir a sus amigos de sus enemigos, consideró que se le estaba pidiendo que espiara para el gobierno norteamericano y fue rápidamente al Ministerio de Exteriores Boliviano a revelar el gran secreto.

La infantil denuncia fue aprovechada para que Morales despotrique contra su odiado enemigo del norte.

Por suerte, un senador opositor boliviano, Walter Guiteras, inquirió al ejecutivo acerca del espionaje que realizaba el gobierno boliviano hacia los mismos bolivianos —y debió añadir el amedrentamiento— que sufríamos políticos, periodistas y forjadores de opinión, por parte del régimen socialista.

Estados Unidos no necesitaba informarse a través del Súper Agente 86, acerca de la presencia cubana-venezolana en Bolivia que era notoriamente visible y publicitada.

Pero el desliz acarreó consecuencias diplomáticas, ya que desde que asumieron los socialistas, éstos buscaron el rompimiento total con Washington. (Cocaína libre de escollos).

El hecho, mostró una vez más, que los voluntarios se meten en asuntos que no deberían, hablan con la gente equivocada sobre temas que no comprenden, en desmedro de su propia organización, de su país y de la nación que los acoge.

¿Quién es confiable?

El Cuerpo de Paz es la asistencia civil para cooperar a otras naciones, pero más importante y generoso fue siempre el apoyo político, económico y militar de Washington, que permitió que vivamos en un mundo mejor.

Si Estados Unidos no hubiese intervenido en la Segunda Guerra Mundial, el mundo sería esclavo de los nazis.

Después de la guerra, la superpotencia se convirtió en factor de equilibrio mundial ante la amenaza nuclear soviética y en defensor de la libertad y la democracia frente al comunismo.

Fueron republicanos y demócratas que optaron por ayudar a otros pueblos divulgando los valores éticos norteamericanos, que son envidiables utopías para la mayoría de la humanidad.

Sabiamente dijo Margaret Thatcher: "Europa es producto de la historia. Estados Unidos es producto de la filosofía".

Estados Unidos ayudó por décadas a países que compartían sus principios y valores, hasta que llegó a la Casa Blanca un presidente que se inmiscuyó más que los demás en la política interna de otras naciones.

Forzó el cambio de gobiernos amigos de Occidente, por regímenes extremistas, enemigos de Norte América, alegando defender los Derechos Humanos.

Su nombre: Jimmy Carter, el gran facilitador del ascenso al poder de la ultraizquierda en Latinoamérica y el despertar del extremismo islámico en Oriente Medio.

La caída de los gobiernos pro-occidentales bajo la presión de Carter, trajo consigo las lúgubres dictaduras del Ayatola Jomeini en Irán y Daniel Ortega en Nicaragua.

El anodino campesino manisero usó el dinero del capitalismo para avivar el socialismo y hasta hace poco, usaba del dinero árabe para fomentar la Yihad.

Con Ronald Reagan hubo un retorno a la cordura. El brillante líder republicano, logró a través de la persuasión, que los países europeos orientales recobrasen su libertad e independencia de la Unión Soviética.

George Bush padre, defendió a Kuwait de la agresión iraquí, cometiendo el desastroso error de dejar a Saddam Hussein en el poder.

Lección que confirma, que es mejor acabar completamente con los enemigos desde el momento en que se declaran como tales.

Bill Clinton fue un buen administrador, controlado por el congreso republicano. Incursionó militarmente contra las dictaduras en Panamá y Granada, de forma tal que casi ni se notó e impuso sanciones sobre los gobiernos terroristas de Irán y Libia, pero dejó peligrosos cabos sueltos en Afganistán donde se fortaleció Osama Bin Laden y en Pakistán donde Abdul Qadeer Khan fabricó su bomba atómica.

George W. Bush tuvo que lidiar con los primeros ataques enemigos (sept 11) en suelo propio y montar un inusual estado de emergencia nacional.

Su invasión a Irak fue necesaria, pero también era preciso que se quede en el lugar con su ejército vigilante y alentase la división de Irak en tres estados para que chiitas, sunitas y kurdos se autogobiernen independientemente. Hoy, los chiitas iraníes ya tienen poder sobre el régimen iraquí.

El incapaz (o traidor) Barack Obama, tiró todo por la borda, alentando "La Primavera Árabe", repatriando a los soldados de Irak y haciendo que se forme DAESH (ISIL).

Promovió el socialismo y el islamismo y, como todo izquierdista, deslumbrado con el poder, piensa continuar sus actividades políticas a través de su nueva organización, OFA (Organizing for Action) que sigilosamente va tomando forma en USA.

Si queremos sobrevivir al fascismo de la alianza izquierdista-islamista, Washington, se verá obligado a bombardear Irán, tal vez Venezuela y, tendrá que fortalecer su cooperación mundial defendiendo la libertad y los valores occidentales en todas partes.

Donald Trump, y el ejército de los Estados Unidos tienen la visión clara.

Gobierno de narcotraficantes y asesinos

El rompimiento de relaciones de Bolivia con los Estados Unidos, no pasó sin dramáticas consecuencias. Las pocas exportaciones que Bolivia hacía a Norteamérica se truncaron, miles de obreros se quedaron sin empleo y millones de dólares dejaron de ingresar.

Venezuela, mientras tanto, siguió exportando petróleo, pero el dinero recibido solamente favoreció a los militares y burócratas.

Estando los amoríos en su nivel más bajo, en 2008, Estados Unidos bajo la administración izquierdista de Obama, le hizo el favor a Bolivia de prorrogarle el tratado de libre comercio y erradicación de drogas (ATPDEA).

Los demócratas norteamericanos veían con simpatía a los tiranillos zurdos latinoamericanos. La medida se tomó, para que no quebrasen las pocas empresas exportadoras, que eran generadoras de mano de obra y no dependían de los commodities.

Bajo ese convenio, Bolivia le vendía a Estados Unidos 362,6 millones de dólares anuales. Cifra que beneficiaba a unos 50.000 bolivianos y sus familias.

Bolivia no cumplió con su compromiso de erradicar cocales y luchar contra el tráfico de cocaína, por el contrario, esas actividades fueron alentadas por Morales para alegrar a sus bases, enriquecer a sus amigos y aprovechar de los millonarios ingresos que sostienen la economía del país.

Los datos a 2006, indicaban un aumento en los cultivos de coca de 4.000 a 25.800 hectáreas y una producción de 115 toneladas anuales de cocaína pura.

Hoy los cocales cubren más de 50.000 hectáreas. El número de productores subió de 6.700 a más de 40.000.

Nunca hay que olvidar que la holgada trayectoria política del dictador campesino es resultado de su vínculo con la coca y la cocaína, asunto que sus admiradores extranjeros no sacan a relucir cuando le hacen honores o le invitan a dar discursos para instruirse con sus notables aptitudes intelectuales. Sus fans, que son los mismos que se lucen con la camiseta del Che Guevara (como Obama) únicamente muestran la fingida imagen del "pobre agricultor" que surgió de la nada. Nadie se encargó de indagar acerca de sus millones.

El aislamiento internacional de Bolivia, es un hecho. Los únicos que le compran algo son la Argentina y Brasil. El hundimiento económico de Bolivia es cuestión de tiempo.

La población se sostiene temporalmente con el dinero que genera la elaboración de la droga, que se desparrama por todo lado, especialmente en el rubro de la construcción.

Chau virrey, chau empresas

Habiendo expulsado al embajador de los Estados Unidos más todos los diplomáticos y miembros de ONGes norteamericanas, Evo empezó a hacer lo que le daba la gana.

El dictador boliviano expropió y destruyó algunas de las mejores empresas que había en el país: América Textiles, que fabricaba ropa de exportación para las mejores marcas de Estados Unidos.

Aerosur, la mayor y mejor compañía de aviación comercial. La única que por primera vez hacía viajes transatlánticos. Además de fundir a la empresa persiguió a su presidente, Humberto Roca y a toda su familia, sin motivo.

Evo robó haciendas e industrias. Su propósito es continuar con el atraco a medida que se le acabe el dinero al estado.

El lacayo más solemne de Hugo Chávez, el Secretario General de la OEA, José Miguel Insulza, dijo cuando ejercía, que intercedería para que el ATPDEA se mantenga vigente, pese a que Evo Morales además de expulsar al embajador norteamericano en Bolivia, impuso la salida de los oficiales de la DEA.

Bolivia se convirtió en un país fuera de la ley, tal como sucedió durante el gobierno del dictador Luis García Meza (1980-1981) que guardó prisión de por vida por delitos inferiores a los cometidos por Morales, tanto en lo referente al narcotráfico, como a la persecución y asesinato de opositores.

Materializando los sueños que vislumbraron Castro y Chávez, Bolivia, sin el ojo escudriñador de los Estados Unidos, siguió transformándose en La Meca de los terroristas, narcotraficantes, mercenarios, guerrilleros y otras inmundicias.

Un gobierno, por más democráticamente que haya sido elegido, automáticamente pierde sus privilegios y legitimidad cuando viola las leyes y atropella a sus ciudadanos.

Evo Morales y su régimen delincuencial perdieron sus derechos legales, desde que perpetraron flagrantes desacatos constitucionales que culminaron en violentos enfrentamientos con la población civil, en los que aniquilaron a más de cien personas e hirieron brutalmente a centenares más.

Al cortar su lazo con los Estados Unidos, el Estado Plurinacional, no sólo se alejó de la superpotencia, sino de sus aliados. Únicamente los "socialistas" e Irán quedaron con el dictador.

Irán tiene interés en Bolivia por muchos motivos adicionales a la promoción islamista y conquista del planeta. Uno de ellos es porque en su suelo existen minerales radiactivos que podrían ser utilizados para fabricar las armas nucleares que tanto apetecen.

La descalificación internacional al régimen del déspota boliviano, teóricamente le ha cerrado las puertas del mundo civilizado, si es que todavía se puede denominar así, a sociedades que vienen elogiando la incultura, la fechoría, el terrorismo, la mentira, el abuso, la hipocresía, el asesinato, el desfalco, las amenazas y el cinismo de uno de los más depravados gobernantes que ha visto Latinoamérica en mucho tiempo.

No más libertad

Para septiembre de 2008, la tensión seguía en aumento, debido a la terquedad del gobierno centralista boliviano de no devolver a las regiones autónomas sus regalías, producto de los impuestos de los hidrocarburos, que ascendían a 166 millones de dólares.

Este asunto venía sumado a los deseos totalitarios del presidente de imponer una constitución nacionalsocialista, otorgándoles a los originarios, derechos por encima del resto de los habitantes.

El mismo documento también dictaminaba acaparar todos los recursos de la nación para usufructo del partido gobernante, bajo la excusa de distribuir mejor la riqueza.

Desde que los neocomunistas asumieron el poder las grescas fueron el pan de cada día.

Es que las costumbres del dictador sindicalista seguían siendo las mismas de antes de que se sentara en el trono.

El único diálogo que Evo conoce es el de las trompadas. La única diferencia entre el fútbol político que jugó previo a su investidura es que cambió de lado en la cancha.

Los árbitros estuvieron a su favor en el primer tiempo y siguen de su parte en el segundo, pero el público ya está enardecido y empieza a tomar el estadio por asalto. La hipocresía y desparpajo de Morales, es típica de los populistas, pero no termina de asombrar. Rige autocrática y excluyentemente. Manipula las leyes e impone medidas por la fuerza. Comete fraude en los referendos. Importa espías y mercenarios de Cuba y Venezuela.

Fabrica documentos de identidad bolivianos para Hezbollah. Saquea al estado. Asalta la propiedad privada. Amenaza a periodistas. Abole el derecho a la libre expresión y la libertad de prensa.

Secuestra opositores. Comete atentados terroristas. Expulsa al embajador de Estados Unidos. Está directamente envuelto con la producción de cocaína y el narcotráfico.

Amedrenta a los civiles. Asesina adversarios. Regala la soberanía de Bolivia a extranjeros. Se alía con el terrorismo islamista, pero habla de libertad y democracia.

Los descarados socialistas del Siglo XXI, que odian a los ricos y aman a los pobres, se encuentran entre las personas más adineradas del mundo.

Robaron los fondos de las arcas del estado rebosantes de dólares, producto de las estatizaciones de las empresas más grandes y rentables y de los altos precios de los commodities.

El hombre más rico del mundo

El jefe de la mafia socialista, Hugo Chávez, era el hombre más rico del planeta. Nadie gozaba de un capital anual de más de 200 mil millones de dólares para hacer con él lo que le venía en gana.

No es de extrañar que su capacidad de convencimiento doblegase a cualquiera.

Chávez invertía apenas una tercera parte del PIB venezolano en su país, con el resto impulsaba el socialismo, sustentando a gobiernos afines, a grupos extremistas y comprando armas.

Es por eso que Venezuela se convirtió en el país más pobre del mundo, cuando antes de Chávez y sin el exorbitante valor al que llegó el petróleo era uno de los más ricos.

Sus gastos en extravagantes lujos personales eran una bicoca en comparación con los regalos que hacía a sus aliados, para enseñorearse sobre América Latina. A Evo Morales lo hizo multimillonario mucho antes de que entrara al Palacio Quemado, pero la factura no la cobrarán Maduro ni sus allegados.

Dicen que Bolivia no es Venezuela; también decían que Venezuela no es Cuba, …dicen. El final del socialismo en Latinoamérica está teóricamente en su etapa final, …teóricamente. Estúpidamente, está tomando cuerpo en Estados Unidos y eso es lo único real en este momento.

Los 36 años de vida democrática que se vivieron en Bolivia están siendo destruidos y nadie quiere volver a vivir bajo la vara de los gobiernos de facto. Pero hay gobiernos de facto que son mejores que las falsas democracias.

Evo está usando a su marioneta, Carlos Mesa, para retomar el poder o quedarse en el poder. O Mesa decidió traicionar a su gran amigo como hizo con Goni. Una cosa es concreta: ni Evo ni Mesa son confiables.

Los gobernantes tienen dos opciones: Dejar el poder pacíficamente y retornar a sus hogares a disfrutar de sus fortunas, por las que como es tradición nadie los enjuiciará o, enfrentarse violentamente con el pueblo.

Nada indica que Evo busque la primera alternativa. La consigna revolucionaria y los crímenes cometidos le obligan a "resistir hasta la muerte".

Pues, parece que, hasta la muerte será…

El primer no, a Morales y al socialismo
En febrero de 2008 el gobierno convocó a un referendo para aprobar un artículo de su nueva constitución política y las leyes sobre las autonomías regionales que exigían los departamentos.

El referendo, fue una de las jugarretas que Evo creyó que podía utilizar a su favor, confiando en que el fraude electoral y la compra de votos le iban a favorecer.

No obstante, la oposición al dictadorcillo es tan fuerte, que cada vez que convoca al voto popular (por más fraude que haga) termina perdiendo.

El referendo se hizo en mayo de 2008 y Bolivia le dio una respuesta terminante con el ¡NO! Intentando poner fin a las arbitrariedades gubernamentales, injerencia extranjera, populismo, racismo e intenciones hegemónicas de los socialistas del siglo XXI, que ansían reavivar en Latinoamérica (y Norteamérica) a un Frankenstein de la difunta Unión Soviética.

El avasallador resultado, 85 por ciento a favor del Si, en la consulta popular a favor de la autonomía política-administrativa del departamento de Santa Cruz de la Sierra, marcó el comienzo del fin de Evo Morales y del socialismo totalitarista que buscaba aplicar.

Los bolivianos volvieron a demostrar que no se achicaban frente a las amenazas de sus gobernantes y de los grupos de interés extranjeros.

Bolivia fue la primera nación sudamericana que luchó por su libertad y reiniciaba su gesta, convirtiéndose en ejemplo de democracia participativa.

El referéndum autonómico, no era un mero hecho local, era un acontecimiento que sentaba el rechazo masivo al imperialismo castro-chavista. De ahí su importancia.

El movimiento iniciado en Santa Cruz, podía servir de motivación para que otros pueblos del sur, comenzasen a organizarse en procura de la defensa de sus derechos económicos y su soberanía.

Podía abrirse la puerta hacia la creación de sólidas, enriquecedoras, economías libres, en sociedades donde impere la autodeterminación y la ley. La cobertura mediática, permitió ver cómo se manejaba el pueblo, sensato y democrático, a diferencia del gobierno de Morales, que, acostumbrado a inventar una falsa realidad, seguía negando el descomunal triunfo ciudadano.

Para Brutus, 85 por ciento no es mayoría
Según Morales el referéndum fue ilegal, además de un fracaso.

Ilegal, porque él pretendía que el voto se someta a su ilegítima Constitución Política, que fue aprobada sólo por sus partidarios detrás de los muros de un cuartel, mientras el pueblo se amotinaba a sus puertas.

Y un fracaso, porque sólo 85 por ciento votó por su aprobación.

La sabiduría del mandatario no podía excluir la aritmética. Los números no mienten y las cámaras de TV tampoco. (Son los locutores).

Los aislados hechos de violencia que se observaron fueron provocados por militantes del oficialismo que intentaron impedir el sufragio.

Morales perdió hasta en los barrios y poblados donde aparentemente gozaba de sostén.

El referendo cruceño fue el primero. Se avecinaban eventos similares en otros departamentos.

Algunos que no son parte de la "Media Luna", que abarca a las regiones amazónicas. (La región de planicies tropicales del oriente boliviano, conformada por los departamentos de Santa Cruz, Beni y Pando, forman un semicírculo geográfico, denominado La Media Luna).

El departamento andino de Potosí, cuya población es mayoritariamente autóctona, conformada por quechuas y aimaras, también estaba considerando autonomizarse del gobierno centralista. Los productivos mineros cooperativistas, querían manejar su economía libremente.

Este factor, tira al suelo las falsas declaraciones de Morales, que acusa a pocos terratenientes de ser los únicos interesados en el capitalismo.

No hay que cansarse de resaltar, la repugnante complicidad de José Miguel Insulza y Dante Caputo, con la dictadura. Ambos desplegaron todos sus esfuerzos para impedir y deslegitimar la consulta democrática boliviana.

La culpa la tienen los españoles

¡La culpa la tienen los españoles! Durante cuatro años escuché vociferar casi todos los días en el Congreso Nacional al entonces diputado del Movimiento Revolucionario Tupac Katari de Liberación (MRTKL) y posteriormente, prudente y respetable vicepresidente aimara de Bolivia, Víctor Hugo Cárdenas.

No importaba si los diputados hablábamos de construir una carretera, fomentar las inversiones, comer papas fritas, hacer acuerdos con los países vecinos o definir el presupuesto nacional.

Nunca importó el tema de fondo para Cárdenas y su compañero, Walker Reynaga, hijo de Fausto Reynaga, autor de "La Revolución India", el Mein Kampf boliviano.

Lo único relevante era que desde que llegaron los españoles, Bolivia sólo tuvo desgracias.

Antes de los españoles, el incario era manejado por una monarquía donde pocos aristócratas gobernaban y los demás eran esclavos, pero de acuerdo con ciertos izquierdistas, parece que eran muy felices. La nobleza incaica, se entretenía ofreciendo sacrificios humanos a sus dioses, practicando trepanaciones de cráneos y reservándose a las muchachas vírgenes.

No conocían la rueda y jamás llegaron a desarrollar la escritura, vivían en el primitivismo en relación a sus contemporáneos de Europa, su aporte a la humanidad es desconocido, pero según los indigenistas, era el Edén.

Llegaron los españoles y ese mundo paradisíaco se hundió dando origen a la corrupción, el saqueo, la opresión. ¿Cuánto de verdad hay en todo esto?

Si admitimos, que el saludo cotidiano impuesto por los incas a sus súbditos era una advertencia moral: "No seas ocioso; no seas mentiroso; no seas ladrón", significa que estos defectos ya formaban parte de su sociedad antes de la llegada de los europeos.

Lo que significa, que los habitantes precolombinos tenían las mismas falencias que los otros pueblos del mundo, aunque resalta que los demás no mencionaron la ociosidad como propia.

Culpar por los males de uno a los demás, es el ardid del mediocre.

Es cierto que los conquistadores fueron saqueadores y asesinos, pero eso fue hace 500 años y no se puede seguir imputando a los españoles ni a sus descendientes, de lo que sucede hoy en día. (La ultra izquierda norteamericana de raza negra, está en la misma onda).

Los europeos también trajeron cultura y civilización al nuevo mundo, de lo contrario no se hubiesen quedado.

Toda persona de clase media que goza de agua potable, un inodoro, luz y electricidad, está viviendo hoy, en mejores condiciones que cualquier rey del siglo XVIII.

Víctor Hugo Cárdenas, el culto aimara vicepresidente

El indigenismo recalcitrante de Víctor Hugo Cárdenas, disminuyó cuando un descendiente de españoles, Gonzalo Sánchez de Lozada, le ofreció la vicepresidencia de Bolivia, considerando que de esa manera compensaba las diferencias culturales y apaciguaba los legítimos deseos reivindicatorios de la población vernácula.

El resultado fue positivo, pero hoy no se trata de tener a un indígena culto en el congreso o en el ejecutivo, como es Cárdenas. Ahora se trata de tener a un simple campesino, sin brillo ni instrucción alguna, que no resalta por su sabiduría autóctona, capacidad intelectual o valores éticos, en control del país.

El MRTKL murió con la vicepresidencia de Cárdenas, por aceptar que los blancos no eran tan malos como los pintaba. Como dijo Felipe Quispe, líder indígena del ultra izquierdista Movimiento Indio Pachakuti: "…a Cárdenas le lavaron el cerebro".

En verdad, se lo lavó solo y la higiene mental es buena.

Eliminó las pasiones irracionales e hizo un excelente papel como vicepresidente, lo que significa, que, hasta el más ferviente defensor de los intereses originarios, puede ser un interlocutor válido, si es sensato, preparado y está dispuesto a asumir la responsabilidad de manejarse juiciosamente en un contexto democrático.

Felipe Quispe y los demás caudillos indigenistas bolivianos no aprendieron de moderación ni avanzaron políticamente, siguen con el mismo discurso racista y su ideología socialista. Morales es nuevo en política, pero no es diferente. Ni siquiera tiene la experiencia y sapiencia de esos intelectuales aimaras. Lo único que lo diferencia de los demás es su incalculable fortuna.

Indigenistas e islamistas

Bolivia fue objeto de interés para la guerrilla en la década de los 60. El Che Guevara decidió montar sus cuarteles en Bolivia para exportar la revolución a la Argentina y los países limítrofes, aprovechando de sus múltiples, extensas y desprotegidas fronteras.

Hoy, Bolivia es el objetivo más apetecible para la expansión del fundamentalismo islámico y el terrorismo, en el continente americano.

La situación de peligro para el mundo libre cobra mayor envergadura con Evo Morales que de forma abierta y directa mantiene lazos estrechos con Irán.

La embajada más grande, importante e influyente en La Paz, después del rompimiento de relaciones diplomáticas que hubo con Estados Unidos, es la de Irán.

Los islamistas cuentan con alrededor de 1.500 millones de seguidores que se encuentran esparcidos por todas partes.

Con excepción de Israel, todo el Medio Oriente está bajo el control de sociedades musulmanas totalitarias, intolerantes.

También dominan la mayoría del continente africano, donde tribus de autóctona tradición milenaria como la de los zulúes han sido convertidas al islam.

En Europa hay 60 millones de musulmanes.

El único continente libre de la influencia fundamentalista islámica era América, que ahora se ve invadida por miles de mahometanos en Ciudad del Este, en Paraguay, cuyo soporte al terrorismo ha sido evidenciado por los servicios de inteligencia occidentales.

La influencia de Bolivia en sus vecinos

La influencia de Bolivia en el contexto sudamericano es difícil de comprender, ya que, siendo un país sin fuerza económica ni militar, no debería tener mayor relevancia en los acontecimientos internacionales.

Sin embargo, ha sido el catalizador de movimientos sociales y políticos con influencia en sus vecinos, sólo por ser el epicentro geográfico.

Desde la revolución libertadora en Chuquisaca que dio nacimiento a las repúblicas independientes del cono sur, más la revolución nacionalista de 1952 que impuso la Reforma Agraria, el Voto Universal y la Nacionalización de la Minería.

Sumadas a las dictaduras militares de derechas e izquierdas de los 70, que motivaron los movimientos golpistas en Argentina, Perú, Chile, Paraguay, Uruguay y Brasil, hasta llegar al actual periodo democrático moderno. Bolivia ha sido la cuna de esos eventos.

Con ese precedente, el fundamentalismo islámico considera que en los pueblos andinos se encuentra el elemento propicio para su avance ideológico y teológico. La pobreza y la ignorancia son fáciles de manipular con dinero y armas.

La xenofobia de los musulmanes e indígenas ultra izquierdistas hacia los occidentales, es razón de unión entre los extremistas.

En Bolivia se podría llegar a la temible lucha racial. En su libro: "Tupac Katari Vive y Vuelve ¡Carajo!", su autor, el dirigente aimara, Felipe Quispe, dice: "La lucha en Bolivia, no es una lucha de clases, es una lucha de razas".

La seguridad general en Sudamérica se encuentra en peligro de descomposición.

Un gobierno comunista en Bolivia, con las características indigenistas que introdujo Evo Morales, agregando los apetitos del fanatismo musulmán, pueden convertir al país en el foco terrorista más peligroso del continente.

Ya lo dijo el ex presidente Sánchez de Lozada en el exilio: "Al paso que vamos, Bolivia se puede convertir en otro Afganistán".

Actualmente existen grupos armados en el trópico cochabambino. Han sido identificados guerrilleros colombianos en territorio boliviano. Sendero Luminoso ha creado estrechos nexos con grupos sediciosos bolivianos. Las armas pasan a través de territorio boliviano.

Los campesinos del MAS reciben adoctrinamiento y entrenamiento militar por gente capacitada, veteranos de guerra.

Chiitas en la selva boliviana

Si preguntamos: ¿Qué diferencia a los Sunitas de los chiitas? podemos aseverar que un 99 por ciento de aquellos que no son musulmanes no sabe la respuesta. (Ni siquiera muchos musulmanes saben del tema, simplemente dicen "son diferentes").

Siendo esa la realidad del mundo, ¿qué hacen dos campesinos bolivianos hablando sobre el asunto en una chichería (bar costumbrista) en la selva de Chapare, cuartel general de Evo Morales?

La conversación en español rudimentario, trataba sobre las diferencias entre las dos sectas. El "conocedor" explicaba que los sunitas son la mayoría y que "se vendieron al imperialismo gringo".

Llama la atención que un indígena siquiera sepa de la existencia de ambos grupos o que tenga interés en el tema.

No hay la menor duda de que el hombre fue instruido por alguien más docto, interesado en adoctrinar a los indígenas-socialistas-cocaleros-anti americanos.

La penetración islamista en Latinoamérica es real. Construyeron mezquitas en Tacna, Perú; en Santa Cruz de la Sierra en Bolivia, como en muchas otras ciudades, pero todavía no cuentan con fieles que las visiten.

Los musulmanes edifican mezquitas en lugares donde planean tener presencia eterna.

En Sudamérica optaron por las poblaciones fronterizas donde el contrabando es la forma de vida y pasar drogas y armas es parte de la mercadería.

Lo único en común entre los fanáticos musulmanes y los extremistas de izquierda latinoamericanos, es su aversión hacia los Estados Unidos.

Todo lo demás no encaja. Los socialistas tienden a ser ateos y los otros son religiosos desquiciados.

¿De dónde viene esa influencia islámica en el cono sur?

De Hugo Chávez, por supuesto, cuyos vínculos con Irán trascendían los intereses petroleros y se convirtieron en aliados por su mutuo afán de dominar el mundo. Unos obedeciendo a Mahoma, el otro, a su ego. Sin percibir, al igual que los demás izquierdistas, que su amistad con los musulmanes radicales los llevará a la muerte.

Propaganda antisemita

La intrusión va acompañada de propaganda antisemita. La venta de libros prohibidos en los países civilizados por su delirante odio e irracionalidad, es común en cualquier quiosco.

Y como decía Elie Wiesel: "Lo que comienza con los judíos nunca termina con los judíos". Los cristianos están en la mira. No son queridos por Evo y son el plato fuerte de los yihadistas.

Un boliviano, Juan Carlos Almazán, escribió e hizo imprimir con financiamiento árabe: "Los impostores"; una imitación de "Los protocolos de los sabios de Sion".

Según el mediocre escritor, cualquier persona destacada, incluidos todos los presidentes de los Estados Unidos, fueron judíos.

Gran honor para el pueblo de Dios, pero todavía ninguno de sus miembros llegó a ocupar un puesto tan importante en la Casa Blanca.

La inconsistencia de los comentarios llega a ser risible. Cita, por ejemplo, que el verdadero nombre de Roosevelt era Rosenfeld.

El mercenario autor circulaba por La Paz, acompañado de dos matones llegados de Oriente Medio.

El ministro de Defensa de Colombia, Camilo Ospina, denunció, al instalar una reunión latinoamericana y del Caribe sobre Inteligencia policial, que guerrilleros de las FARC entrenaban en manejo de explosivos a personas de Bolivia y Paraguay.

"Tenemos algunos indicios del sur del continente, específicamente de Bolivia, sobre entrenamiento en uso de explosivos y en tácticas de secuestro", precisó.

La Cámara de Representantes de Estados Unidos emitió una resolución que contempla las torcidas actividades del islam en América Latina.

El texto aprobado por 364 votos contra cero, "reconoce la amenaza potencial que plantean para Estados Unidos, sus aliados y sus intereses, los simpatizantes y financistas de organizaciones terroristas islamistas que operan en el hemisferio occidental".

Se teme que en Bolivia estaría formándose un ejército popular que atacaría a la población civil y a los militares que no comulgan con Evo, cuando las circunstancias sean propicias para los invasores venezolanos y cubanos. Posteriormente llegarían los fanáticos chiitas.

El peligro continental que significa la expansión de la yihad a estas latitudes debe ser motivo de alerta para la OEA y los gobiernos democráticos.

Bolivia, con casi 7.000 kilómetros de fronteras difíciles de controlar y sus fuerzas armadas subyugadas al presidente socialista, puede convertirse en una base de insurgentes.

Llegamos a 2019 y el tirano no se quiere ir

A medida que fue pasando el tiempo, especialmente después de la muerte de Hugo Chávez, el dictatorial gobierno socialista, se dio cuenta de que necesitaba de la empresa privada para que Bolivia no colapsara económicamente.

Su decisión fue dejarla trabajar, exigiéndoles impuestos exagerados, más bonos y aguinaldos extras para sus empleados.

Muchos empresarios se hicieron socios de los gobernantes a quienes dieron grandes coimas. A cambio, Morales hizo contratos millonarios sin convocar a licitaciones, favoreciendo a sus nuevas amistades.

Algo similar logró con gobernadores y alcaldes de la oposición. El gobierno fue eliminando adversarios con dinero, mucho dinero. Algunos de los nuevos ricos, en el gobierno y fuera de él, tienen fortunas de cientos o miles de millones de dólares.

Evo Morales no quiere dejar el poder. Sin embargo, debido a que los desmadres en Venezuela están encrespando al mundo, podría reconsiderar su postura y retirarse a Cuba.

Ahí podría disfrutar de su fortuna con sus también millonarias amistades socialistas del gobierno de la Habana. Eso sería lo sensato.

Más, Brutus Maximus, de sensato no tiene nada y los comunistas cubanos alimentan su antigua obsesión de quedarse con Bolivia, manejando a sus títeres, para expandirse al resto del continente.

Al fin y al cabo, el objetivo final de los socialistas, es el dominio global, por las buenas o las malas.

La mísera situación financiera en la Argentina, está fortaleciendo a los peronistas de izquierda (la historia de siempre) que son aliados de los cubanos y los iraníes.

Venezuela, es por el momento, el termómetro, pero no es lo suficientemente exacto para medir a Bolivia. Los bolivianos son más aguerridos y peleadores que los venezolanos. Les importa un comino la falsa democracia, que hace 14 años que oprime al país.

Los medios periodísticos nacionales no hablan de la dictadura socialista porque no pueden, y, la prensa extranjera, tampoco, por cobardes, ignorantes y complicidad con las izquierdas.

Carlos Mesa, el peor presidente que tuvo Bolivia y el maquinador directo para que Evo llegase al poder, está postulándose como candidato a la presidencia en octubre de 2019.

Actualmente, goza de una mayoría relativa en los sondeos de aceptación popular. Es evidente que la imbecilidad sigue siendo la que prepondera en la mente de los votantes.

Evo se está lanzando nuevamente de candidato contra el deseo del pueblo que votó ¡NO! a su reelección.

Los aimaras que son la gran mayoría de los habitantes del altiplano de La Paz (El Alto) están podridos de Evo. Pueden invadir la ciudad, meterse en el Palacio Quemado y colgarlo de un farol, como ya hicieron en el pasado con otros.

Si los indígenas apoyan a Evo y quieren mantenerlo en el poder, puede haber una guerra civil o étnica. Podrían darse luchas armadas entre partidos o tendencias políticas; todo eso también sucedió en el pasado.

Si descartamos la violencia, se producen elecciones generales y Carlos Mesa llega al poder, hará todo lo que Evo no se atrevió, para profundizar el socialismo, pues es progre de convicción.

Nuevamente lo hará su cogobernante a Evo de manera que ambos disfruten del poder y Morales no tenga qué temer. Dirá que él es el "apaciguador". Podrá viajar tranquilamente por el mundo, mientras el MAS sigue gobernando. En palabras concretas, Mesa es el socio de Morales

Mesa se imagina ser una figura histórica. Se cree de influencia internacional, aunque nadie sabe de su existencia fuera de Bolivia.

Su ídolo (piensa que es su reencarnación) es Andrés de Santa Cruz y Calahumana, un dictador militar que fue puesto en el poder por Simón Bolívar y gobernó Perú y Bolivia brevemente (La Confederación Peruana-boliviana).

Mesa es un narcisista de presunciones astronómicas, altoperuano neto, golpista y traicionero. Votar por él, sería profundizar el suicidio nacional.

En todo caso, quien sea el que gobierne, deberá tomar medidas antipopulares, siendo la primera, la devaluación de la moneda, que ficticiamente se mantiene en su mismo coste desde que Evo tomó el mando. El precio del dólar es barato. Su verdadero valor debería estar por lo menos dos veces por encima de su cotización oficial.

La vida en Bolivia se ha vuelto cara. Salir a cenar en pareja a cualquier lugar digno, cuesta fácilmente cien dólares.

Comprar comida y otros productos de la canasta familiar, en un supermercado, es mucho más caro que en Estados Unidos.

Aquellos que viven de un sueldo, están cada día más pobres.

Los escenarios son escabrosos, podrían ser espeluznantes. No obstante, Bolivia es un país muy difícil de predecir.

Como decía el ex presidente Víctor Paz Estenssoro: "En Bolivia ocurre de todo y no pasa nada".